솔로몬의 지혜

세상 모든 비즈니스의 원칙과 가치관
## 솔로몬의 지혜

초판1쇄 인쇄 2018년 6월 11일
초판1쇄 발행 2018년 6월 18일

지은이 | 존 슈록
옮긴이 | 김건식
펴낸이 | 임종관
펴낸곳 | 미래북
편   집 | 정광희
표지 디자인 | 김윤남
본문 디자인 | 디자인 [연:우]
등록 | 제 302-2003-000026호
주소 | 서울특별시 용산구 효창원로 64길 43-6 (효창동 4층)
마케팅 | 경기도 고양시 덕양구 화정로 65 한화 오벨리스크 1901호
전화 02)738-1227(대) | 팩스 02)738-1228
이메일 miraebook@hotmail.com

ISBN  979-11-88794-15-7  03320

세상 모든 비즈니스의 원칙과 가치관

# 솔로몬의 지혜

· 존 슈록 지음 | 김건식 옮김 ·

미래북
miraebook

현대의 대표적 경영사상가 피터 드러커Peter Drucker(1909~2005)는
자신의 저서『새로운 현실The New Reality(1989)』에서 "경영이란 사
람들이 일컬어 온 리버럴 아트Liberal Art, 즉 인문학 바로 그것이다"
라고 소개했다. '인문학'이란 자유로운 인간을 위한 학문으로써 노
예처럼 억압과 고통을 받지 않는 보통의 자유인이라면 누구나 반드
시 배우고 실천해야 할 학문임을 말한다.

드러커에 따르면, 경영은 사람의 지식과 자의식, 지혜와 리더십을
다룬다는 점에서 '리버럴Liberal'은 '인식' 또는 '이상'이며, 이런 원리
를 실천·적용한다는 점에서 '아트Art'는 '기예' 또는 '현실'을 말한다.
이런 의미에서 경영은 인식과 기예의 균형을 잡아가는 활동이다. 우
리의 삶도 마찬가지이다. 철학자적 비유로 말한다면, 리버럴이 없는

아트는 '맹목'이고, 아트가 없는 리버럴은 '공허'에 불과하다. 따라서 이상과 현실 간의 '균형 잡힌 삶'이야말로 우리 모두가 추구하고 바라는 참으로 복되고 풍요로운 삶이 된다.

기업도 이와 같다. 이상적 활동이라 할 수 있는 기획이나 전략 또는 리더십과 같은 '스텝 기능'과 이보다는 현실적 활동이라 할 수 있는 생산성이나 영업실적과 같은 '라인 기능'과의 균형 잡힌 관리 활동을 실천할 때, 그 기업은 진정으로 성공적이며 존경 받는 기업으로 발전한다.

이런 원리를 잘 실천했던 기업가가 제너럴 일렉트릭GE의 전 회장이었던 잭 웰치Jack Welch가 아닌가 싶다. 그는 GE 재임 시절 모든 임직원을 평가하는 데 '태도Attitude'와 '성과Performance' 이 두 요소를 기준으로 삼아 회사의 변화와 혁신을 이끌었던 인물이다. 그는 GE를 퇴임한 후 컨설턴트로 변신하여 수많은 기업의 혁신에 도움을 주는 역할을 하고 있지만, 지금도 이 두 요소의 기준이 가장 효과적인 경영 원칙으로 작용한다는 그의 주장에는 변함이 없다.

그의 주장에 의하면, '태도'는 임직원 각자의 인성이나 가치관, 기획력, 전략성 또는 리더십과 같은 '내적 자질'을 말하는 반면, '성과'는 각자의 관리능력이나 영업력 또는 생산성과 같은 '외적 자질'을 말한다. 그는 이와 같이 임직원 각자의 근무 태도와 업무 성과의 균형 정도를 비교·평가하여 개별적 직무와 책임을 할당했다.

본서『솔로몬의 지혜: 세상 모든 비즈니스의 원칙과 가치관』은 크리스천 기업가였던 존 슈록John E. Schrock(1931~2011)의『비즈니스의 여정The Journey for Your Business』을 번역한 것이다. 이 책은 제1장 자제력의 원칙, 제2장 생산성의 원칙, 제3장 관리의 원칙 그리고 제4장 리더십의 원칙으로 구성되어 있으며, 각 장마다 10가지 중요한 비즈니스 원칙과 가치를 제시하고 있다.

흥미로운 것은 이 책의 핵심 주제들이 위에 언급된 피터 드러커나 잭 웰치가 주창하는 내용과 매우 흡사하다는 점이다. 제1장 자제력의 원칙과 제4장 리더십의 원칙은 피터 드러커의 리버럴과 잭 웰치의 태도와 내용이 유사하다. 그리고 제2장 생산성의 원칙과 제3장 관리의 원칙은 피터 드러커의 아트와 잭 웰치의 성과와도 그 내용이 매우 흡사하다.

이 책은 존 슈록 자신이 성경 잠언을 통해 얻은 신앙적 지혜와 비즈니스 현장에서 체험한 실용적 경험을 바탕으로 기업가들이 성공적인 비즈니스를 이루기 위하여 반드시 지켜야 할 원칙과 가치를 정리한 것이다. 이 책은 정식으로 출판되지는 않았지만, 저자 자신이 소책자로 만들어 그 내용을 지속적으로 공부함으로써 자신을 훈련하는 데 사용했고, 또 주변 사람들에게 나누어 그들도 자신들의 비즈니스를 위한 훈련 과제로 폭넓게 활용하도록 했다. 지금은 저자 자신이 생존 시 설립한 'La Red'라는 국제기구를 통해 그 내용이 남미 국가들을 중심으로 세계 여러 나라에 보급되어 비즈니스를 위한 하나의 실용적 교육 프로그램으로 각광을 받고 있다.

이 책은 기업가는 물론, 회사 임직원, 자영업자, 공무원, 교수와 교사, 대학생 등 어느 누구라도 성공과 성장의 꿈을 가진 사람들에게 활용될 수 있다. 이 책에 수록된 40개 각 원칙의 내용 끝에는 독자 스스로 자신의 원칙 등급을 평가하도록 되어 있다. 혼자 읽고 실천해도 좋겠지만, 가능하다면 자신이 소속된 조직의 동료들과 내용을 함께 읽고 토의하며 요점을 정리하는 방식으로 진행하는 것이 바람직하다.


이 책의 효과적인 활용 방법으로는, 그 내용을 깊이 있게 다루어 오래도록 마음속 깊이 보존될 수 있게 하기 위하여 주 1회 1과 정도 읽고 실천해보길 권한다. 참고로, 이 책에 인용된 성경 구절들은 여러 독자들이 쉽게 이해할 수 있어야 한다는 원작자의 뜻에 따라 영어 성경 중 가장 쉽게 번역된 『더 리빙 바이블TLB, The Living Bible』이 주로 사용됐음을 일러둔다.

이 책의 독자들에게 당부할 것이 한 가지 있다. 이 책에 기록된 모든 원칙과 가치를 철저히 배우고 잘 실행하더라도 비즈니스를 하다 보면 언제든 예상치 못한, 해결이 불가능해 보이는 문제나 장애에 직면하게 될 때가 있게 마련이다. 그럴 때마다 이를 해결하기 위해 스스로 최선을 다해야 함은 당연한 일이지만, 그래도 거기에 더해 모든 일을 "옛적부터 경영하신 이"<sup>사 22:11</sup>의 지혜를 함께 구할 것을 부탁하고 싶다. 그러면 우리의 모든 상상력이나 생각을 뛰어넘는 그분의 지혜의 능력이 모든 문제의 해결 방법을 제시해 주시리라 확신하다.

부디 독자 여러분께서 이 책을 통해 진정으로 갈망하고 꿈꾸던 비즈니스의 성공과 성장의 기회를 갖게 되길 소망한다.

2018년 5월

김건식

# CONTENTS

역자 서문 5

# PART 1

# 자제력의
# 원칙

*Self-Government Principle*

# 01

## 동기

어느 누구도 제아무리 약삭빠르고 철저하더라도
하나님과 맞설 수는 없다.

잠언 21:30 TLB

 

 

 

절대 불가능한 일이 있는데, 그것은 하나님을 대신할 수 있는 사람이 아무도 없고 또 어느 누구도 그를 맞서 경쟁할 수 없다는 사실이다. 하나님은 무엇이 옳고, 무엇이 최상이며 또 무엇이 작용할지 그 모든 걸 다 아신다. 그를 최후의 권위로 인정하고 그의 법과 원칙에 따라 삶과 비즈니스와 국가를 조직하는 것이 빠르면 빠를수록 형편은 더욱더 나아진다. 인생은 원래 힘들게 살도록 의도되지 않았다. 우리가 불순한 동기에 따라 삶을 영위함으로써 힘들게 만들어 가고 있다. 동기란, 일을 어떻게 왜 해야 하는지에 대한 원인 또는 그를 위한 동기부여를 의미한다. 어떤 사람들은 상거래에서 거짓말하고 속이고 사기 치고 나서 그것을 '약삭빠르게 잘한 일'이라고 말한다. 이런 일은 우리를 복된 삶으로 인도하기보다는 오히려 도덕적 부패로 이끌어간다. 『웹스터 사전』은 '약삭빠르다'는 말을 '세속적으로 지혜롭고 똑똑하거나 진실에 근접하다'라는 부정적인 의미로 정의하고 있다. 그러므로 늘 참된 것을 추구하는 것이 중요하다. 진실을 속이고 똑똑하거나 약삭빠르게 되는 것은 결국 우리를 파멸하게 한다.

예수님은 "멸망에 이르는 데에는 넓은 길이 있지만 생명에 이르는 데에는 좁은 길이 있다"고 말씀하셨다. 예수님이 이런 말씀을 하지 않으셨다면 우리라도 "진리가 우리를 자유롭게 할 것"이라고 말할 수 있었다. 그는 우리의 삶이 성장할 수 있도록 설계하셨다. 아이들은 성장하려면 먹어야 한다. 마찬가지로 우리의 마음과 영혼도 성장하기 위해서는 배워야(먹어야) 한다. 그러나 진리를 기반으로 살아가야 한다. 그렇지 않으면 약삭빠른 사람이 되어버리고 만다. 아이가 먹는 걸 멈추면 그는 죽고 만다. 마찬가지로 우리가 진리에 대한 배움을 멈추면 우리는 영적, 정신적, 육신적으로 모두 사망하게 된다. 그것은 자전거를 타는 것과도 같다. 멈추면 쓰러진다. 사과 빛깔이 푸르면 그 사과는 성장 과정에 있지만 성장이 멈췄을 때에는 썩은 사과이다. 삶은 하나의 과정이다. 우리가 복된 삶을 바란다면 다음 세 가지를 갖추기 위한 노력을 지속해야 한다.

- 도덕적으로 바른 사람이 되어야 한다.
- 사람과 상황을 이해해야 한다.
- 하나님과 그의 법 그리고 그가 인류를 위해 설계한 원칙을 아는 지식을 길러야 한다.

복된 삶은 우리의 동기가 순수하고 또 우리가 좋은 원칙을 따르며 우리의 정체성과 우리의 모습에 책임을 질 때 시작된다. 우리는 하나의 제품과도 같다. 우리의 성품과 가치는 우리가 지음을 받았다는 원리에 바탕을 두고 있다. 우리가 정직하고 동기가 순수할 때 우리는 어떤 의제도 숨김없이 개방하고 자유로워진다. 그러면 사람들이 그 자유를 감지하고 우리에게 맞서 자신을 방어하려고 하지 않을 것이다. 그들은 우리를 존중하고 우리와 비즈니스를 하고 싶어 한다. 우리는 우리 자신의 지성이나 영특함을 신뢰할 수 없다. 만일 신뢰한다면 압박을 받으며 힘들어질 때 자신을 노출시키게 된다. 우리가 철저하게 행하는 일은 옳은 일이지만, 그렇더라도 우리는 하나님과 진리를 최상의 자원과 조력자로 삼아야 한다. 이것이 우리에게 삶의 모든 영역에서 작용할 상식과 실용적인 방법들을 가르쳐주게 된다.

때때로 우리는 자기가 영리하고 지혜롭다고 생각될 때까지 스스로 훈련한다. 그런 다음 하나님의 훌륭한 조언보다 자신의 능력을 더 신뢰하기 시작하면서 하나님 없이 살아가는 가련한 자들이 되고 만다. 진리가 없으면 우리는 제 역할을 할 수 없다. 진리가 우리의 동기를 순수하도록 지켜줄 것이다. 하나님과 그의 생각을 거부하는 것은 우리를 양육하는 손길을 끊어버리는 것과 같다. 그 이유는 하나님과 진리가 동의어이기 때문이다.

오늘날 미국은 국민 1인당 변호사 수가 세계 다른 어떤 국가보다도 많다. 미국의 소송 건수는 세계 나머지 국가들의 소송 건수를 모두 합친 것보다 더 많다. 우리는 십계명을 해석하기 위해 수천 개의 법을 만든다. 어떤 사람들은 자신의 영특함을 내세워 서로 앞다투기를 하거나 수십 억 원에 이르는 소송에서 승소하려고 애를 쓴다. 우리는 "남에게 대접 받고자 하는 대로 너희도 남을 대접하라"마 7:12는 단순함을 이미 잊어버렸다. 거짓말하지 말자. 하나님은 우리의 모든 행위를 아신다. 그래서 그는 우리가 아무리 약삭빠르고 용의주도하다고 생각하더라도 조만간 그 오류를 바로 잡아 주신다. 철저해야 함이 중요하긴 하지만 우리의 동기가 순수하다는 걸 확신하고 하나님의 훌륭한 조언을 우리의 상거래와 의사결정의 일부로 활용해 보

라. 우리가 지혜로워져서 하나님의 말씀에 귀를 기울여 보자. 그러면 우리가 똑똑하거나 약삭빠른 사람이 아니라 지혜로운 사람으로 알려지게 된다.

◇»————◆ 목표 달성을 위한 기초 ◆————《◇

▶ **토론**

○ 당신이 순수한 동기로 운용하고 있음을 어떻게 말할 수 있는가?

○ 지혜와 약삭빠름의 차이는 무엇인가?

▶ **등급 평가** (최고 10, 최저 1)

○ 당신은 삶 속에서 현재 이 원칙을 어느 정도 적용하고 있는가?

○ 현재의 등급을 더 높일 가치가 있다고 보는가?

▶ **깊이 생각해 보기**

고된 노력이 성공의 열쇠인데도 어떤 사람들은 오히려 잠금을 선택한다.

————◆ ◆ ◆————

# 02

## 도덕성

경건한 시민들의 선한 영향력은 도시를 번성하게 하지만
악한 자들의 도덕적 부패는 도시를 내리막길로 몰아간다.

잠언 11:11 TLB

도덕성이란 무엇인가? 『웹스터 사전』은 '도덕성'을 '옳든 그르든
그 행위와 관련된 원칙이나 기준 또는 관습'이라고 정의한다. 잠언
에는 도덕성을 경건함과 관련 지어 '하나님이 계획하신 기준'이라고
말한다. 하나님이 마음에 목적을 가지고 사람과 동물들을 창조하셨
다는 사실이 깨달아야 한다. 세상의 모든 종種은 그 종류별로 창조
되었는데, 이는 각 피조물마다 어떤 특성을 가지고 창조되었음을 의
미한다. 그러나 인간은 특별한 선물, 즉 '추론의 선물'을 받았다. 어
떤 동물이라도 각자의 창조 의도를 벗어나 스스로 사고할 수 없다.
울새robin가 스스로 자신의 가치를 결정하거나 생활 방식을 재설계

할 수는 없다. 녀석은 자신의 코드와 디자인에 따라 활동한다. 마찬가지로 인간은 자기 본성에 따라 창조되었다. 그러나 인간에게는 두 개의 코드, 즉 '양심'(본성에 대한 옳고 그름의 감정)과 '계명'이라는 삶의 코드가 있다.

　우리는 살인이나 남의 것을 도둑질하고 파괴하는 것이 옳지 않다는 걸 자연적으로 알고 있다. 그것이 양심이다. 사람들이 나쁜 일을 어두운 곳이나 아무도 보지 않는 곳에서 하는 이유는 바로 이 양심 때문이다. 인간은 추론의 선물을 받았기 때문에 계명이 필요하다. 이 계명이 적합한 역할을 위한 코드인 도덕적 코드가 되었다. 우리는 추론의 선물을 가지고 창조된 양심을 벗어나 스스로 추론할 수 있기 때문에 이런 계명이 필요하다.
　옳고 그른 일들이 무엇인지 그 수많은 일들에 관한 가르침이 있어야 했는데, 이것들이 바로 계명이다. 그러나 옳고 그른 일들 중 어떤 것들은 인간의 창조 본성의 일부이기도 하다. 이것이 우리의 양심이다. 우리가 마음을 완강하게 하고 타고난 양심을 메마르게 할 때 우리는 이기적이며 탐욕적으로 변하면서 고집이 세어진다. 이런 것들이 자연적으로 우리를 도덕심과 멀어지게 한다. 양심이 계명에 의해 통제되지 않으면 삶의 진정한 가이드가 되지 못한다. 하나님은 사람과 동물들을 생산 목적으로 만드셨다. 동성애는 인간에게만 있는 것이다. 오직 인간만이 약물과 술에 중독되고 낙태를 계획한다. 이런 일이 합법적이거나 정치적으로 옳게 보일지는 몰라도 도덕적으로는 잘못된 것이다.

어떤 상거래는 합법적일지는 몰라도 여전히 도덕적 원칙을 위반하고 있다. 도덕성은 쌍방을 위한 정의를 다루고 우주 설계자가 주신 옳고 그름의 코드를 따르는 것이다. "남에게 대접 받고자 하는 대로 너희도 남을 대접하라"마 7:12는 말씀은 제안이 아니라 오히려 하나의 '실용적 원칙'이다.

양심을 확인하는 데 필요한 세 가지 방법이 있다.

- **누군가와 눈을 마주쳐 보거나 있는 모습 그대로 나타내 보이는 데 문제가 있는가?**
- **어떤 특정 사안을 공개적으로 논의하기가 겁나는가?**
- **하나님이나 또는 옳은 일을 말하는 데 불편함을 느끼는가?**

우리에게는 하나님과 인류 앞에서 하나님과 창조의 진리에 근거한 도덕적 윤리의 관례를 따라야 할 책임이 있다. 계명은 인간의 행동에 필요한 지침으로 받은 것이다. 하나님과 동료에 대한 존경심을 계명이 가르친다. 우리가 하나님과 이웃을 우리 자신처럼 사랑한다면 우리는 도덕적으로 바른 행동을 하게 될 것이다. 이 법과 원칙은 단지 우리가 하나님을 기쁘게 하기 위해 받은 것이 아니라 마음으로 계획되어 받은 것이다. 우리는 수혜자들이다. 우리가 이 법과 원칙을 따라 살며 자신과 사회를 구성해 간다면, 이는 자신에게 호의를 베푸는 것이 될 것이다. 우리의 선조들은 이미 이런 원칙을 이해하고 있었다. 그래서 헌법과 법체계가 하나님의 계명을 중심으로 조직되었다. 그것이 도덕적 사회를 만들게 했다.

대부분의 도덕적 가치는 평범한 상식이다. 우리가 추론과 선택의 능력을 받았다는 이유가 우리의 창조 목적인 도덕적 기준을 깨트릴 권리를 우리에게 허용한다는 걸 의미하는 것은 아니다. 도덕성은 단지 우주 설계자의 뜻에 따라 우리 모두에게 바르게 적용되는 올바른 행위의 규칙이다. 우리는 거울 속에 비친 자신에게 무엇이 옳은 일인지 아느냐고 물어볼 필요가 있다.

◇»————◆ 목표 달성을 위한 기초 ◆————«◇

▶ **토론**

○ 우리가 한 국가로서의 도덕성을 이미 이탈했다고 생각하는가?

○ 도덕성을 상실했다면 어떤 부작용을 갖게 될까?

○ 한 국가나 개인이 도덕성을 이탈하게 되는 원인은 무엇인가?

▶ **등급 평가** (최고 10, 최저 1)

○ 당신은 삶 속에서 현재 이 원칙을 어느 정도 적용하고 있는가?

○ 현재의 등급을 더 높일 가치가 있다고 보는가?

▶ **깊이 생각해 보기**

부를 잃으면 아무것도 잃는 게 없다. 건강을 잃으면 중요한 것을 잃은 것이다. 그러나 인격을 잃으면 모든 걸 잃은 것이다.

◆ ◆ ◆

# 03

## 태도

마음이 순결한 사람들은 복 받은 사람들로서
그들이 하나님을 보게 될 것이다.

마태복음 5:8 TLB

『웹스터 사전』은 '태도'를 '자세', '사람의 마음의 정신 상태' 또는
'사람의 기질'로 설명한다. 우리는 긍정적인 정신 태도에 관해 많은
얘기를 듣는다. 태도는 좋든 나쁘든 사람의 기질을 말한다. 그래서
우리가 누군가를 만날 때 그들의 태도를 보고 그들이 어떤 마음의
상태에 있는지 쉽게 판단할 수 있다. 성경에 "마음이 순결한 사람들
은 복 받을 사람들"이라는 말씀은 마음의 틀이 바른 사람, 즉 마음이
건전하고 안정되며 합리적이고 긍정적인 사람이 복을 받거나 행복
한 사람이라는 뜻이다. 그 최종 결과는, 그런 사람이 하나님을 보게
된다는 것이다. 하지만 어떻게 그런 긍정적인 정신 태도와 바른 마

음의 상태를 갖게 되는가?

첫째, 우리는 자신의 마음에 책임을 져야 한다. 우리는 마음을 단련하고 건강한 마음의 음식을 잘 섭취하도록 해야 한다. 마음을 우리가 바라는 모습의 예정된 코드나 신조로 발전시켜야 한다. 마음은 운동으로 발육할 수 있는 근육과 유사하다. 마음은 또 우리의 의지에 따라 움직이도록 훈련하고 단련시킬 수 있다.

둘째, 우리는 자신의 운명을 선택해야 한다. 우리는 긍정적이며 행복하고 성공적인 사람처럼 중요한 인물이 되겠다는 선택을 해야 한다. 계속 달려가려는 방향이나 궤도가 없으면 마음이 긍정적으로 될 수 없다. 마음은 무언가에 집중되어 있어야 한다. 마음에 방향을 정해주지 않으면 마음은 가장 무난한 길로 가버리게 될 것이다. 행복하기 위해서는 무슨 일이든 생겨야 한다. 성공하기 위해서는 목표가 필요하다. 그리고 긍정적인 사람이 되기 위해서는 "난 할 수 있어" "난 기꺼이 해낼 거야" 하는 식의 긍정적인 태도와 예정된 운명과 연관된 사명에 집중할 필요가 있다.

셋째, 우리는 현재를 뛰어넘어 멀리 보아야 한다. 우리는 행복이나 성공을 추구하는 과정에서 여러 상황에 맞닥뜨리게 된다. 어떤 상황에서든지 우리의 목표를 향해 한 발짝 더 가까이 다가서게 할 미래를 보아야 한다. 이것이 희망을 가져다주고, 희망은 상황을 극복할 수 있도록 우리를 자극하고 동기를 부여한다. 낙심되는 생각이 들 때마다 목표와 승리의 보상에 집중해야 한다.

넷째, 우리에게는 반듯한 기초가 있어야 한다. 그 하나가 '믿음'이고 또 다른 하나는 '믿을 권리를 갖는 것'이다. 긍정적인 고백이 긍정적인 결과를 낳으려면 진리에 근거해야 한다. 단지 중력을 믿지 않기로 결정한 이유가 중력이 그 효과를 상실했다는 의미를 갖는 것은 아니다. 모든 목표에는 합당한 이유가 있어야 한다. 모든 꿈에는 합당한 목적이 있어야 한다. 그리고 성공을 위해서는 합당한 원칙이 있어야 한다.

성공은 문제가 지켜준다. 금메달을 따려면 많은 문제를 해결해야 한다. 문제를 해결하려면 용기와 끈기가 필요하다. 그러므로 금메달을 따기 위한 과정은 일종의 배움의 체험이다. 결국 금메달을 따는 과정에서 배우게 되는 것이 금메달 자체보다 더욱 값진 것이다. 주님의 말씀처럼 "마음이 순결한(혹은 바른 마음의 상태를 지닌) 사람들은 복 받은(혹은 행복한) 사람들이다." 그런 사람들이 하나님을 보게 되거나 금메달을 따게 된다. 그리고 바른 마음의 상태를 개발한 사람은 행복한 사람이 된다. 그런 사람이 하나님을 보게 되거나 모든 상황과 문제의 막후에 계신 하나님을 발견하게 되기 때문이다. 일단 이런 마음의 상태에 이르게 되면 우리가 문제를 두려워하지 않게 되기 때문에 우리의 태도는 긍정적으로 변하게 된다. 이는 우리가 문제 뒤에 무엇이 있는지 알기 때문이다. 이런 일은 항상 상황 너머의 이상을 추구하는 보물찾기와도 같다. 사실 우리는 위험할 정도로 긍정적이 될 수도 있다. 그럴 경우 아무런 두려움이 없이 현실과 동떨어져 어리석은 짓을 할 수 있게 된다.

긍정적인 태도가 우리에게 위대한 미래를 안겨준다. 그러나 부정적인 태도는 우리가 아무런 진전도 없이 현 위치를 벗어나지 못하도록 우리를 붙잡아 둔다. 이런 것들이 스트레스 척도의 원인이 된다. 부정적인 사람이 걱정하며 두려워하고 있을 때 긍정적인 사람은 밀어붙이고 정복한다. 그러나 마음이 순결한 사람이어야 행복한 사람이다. 그런 사람이 매사에 하나님을 보게 될 것이고 왕 되신 주님의 번영의 금반지를 차지할 수 있게 되기 때문이다.

◇»————◆ 목표 달성을 위한 기초 ◆————«◇

▶ **토론**

○ 성취 체험이 왜 그렇게 중요한가?

○ 당신은 긍정적인 사람인가? 아니면 부정적인 사람인가?

○ 네 가지 마음의 상태 중에서 당신이 가장 부족한 것은 무엇인가?


▶ **등급 평가 (최고 10, 최저 1)**

○ 당신은 삶 속에서 현재 이 원칙을 어느 정도 적용하고 있는가?

○ 현재의 등급을 더 높일 가치가 있다고 보는가?


▶ **깊이 생각해 보기**

우리가 반드시 해야 할 일을 한다면 모든 승산은 우리에게 있다.


———◆ ◆ ◆———

# 04

## 감정

자기의 마음을 다스리는 사람은
성읍 하나를 차지한 사람보다 더 위대하다.

잠언 16:32 TLB

'마음을 다스린다'는 뜻은 '행동이나 감정을 관리한다'는 의미다. 행동은 감정에 의해 직접 영향을 받는다. 인간은 영靈·혼魂·육肉으로 존재한다. 육은 혼의 감정이나 장애에 반응한다. 잠언에 '자기의 마음을 다스리는 사람'이라고 말한 이유는 우리가 마음을 다스릴 수 있음을 의미한다. 마음이 '우리의 진정한 모습'을 말해주기 때문에 마음을 다스리는 일은 언제나 쉬운 일이 아니다. 우리가 듣고 보고 냄새 맡고 맛보고 만지는 이 모든 것이 우리의 생각 속에 들어가면 생각은 상황을 분석하고 반응한다. 그러면 우리(영)는 반응 수위를 결정한 후 먼저 우리의 감정(혼)에 영향을 미치고, 최종적으로 우리의 행동(육)에 영향을 준다. "자기의 마음을 다스리는 사람"이란 "자기의 대응을 어떻게 훈련할지 또는 어떻게 관리할지를 결정하는 사람"이라는 뜻이다. "무언가에 대한 나쁜 생각은 마치 그 일을 실행하는 것처럼 나쁘다"라고 누군가가 말한 적이 있다. 이것은 사실이 아니다. 이는 생각만으로는 남에게 영향을 미칠 수 없기 때문이다. 손상을 일으키게 하는 것은 행동이다. 우리는 모두 감정을 가지고 있어 일 때문에 기분 나빠할 수도 있다. 하지만 그런 감정을 진정시키고 관리하는 법을 배우는 일은 아주 중요하다. 그렇게 하지 않으면 감정이 우리를 파멸시킬 것이다.

자동차는 모터와 브레이크, 변속기, 핸들 등으로 조립되어 있다. 자동차는 여러 곳을 돌아다니는 용도로 설계되었다. 그런데 만일 자동차가 제대로 관리 또는 조절되지 않는다면 위험해진다. 그렇게 되면 축복으로 여겨졌던 것이 우리 자신들에게 해로운 것으로 변해버린다. 하나님은 우리를 이와 유사하게 만드셨다. 그는 우리에게 일할 수 있는 손과 걸을 수 있는 발, 볼 수 있는 눈, 그리고 몸(육)의 모든 지체를 관리할 수 있는 두뇌를 주셨다. 우리의 행동은 우리의 영이 관리하고 다스리도록 되어 있는데, 이는 우리가 자신의 행동에 책임을 져야 하고 또 그렇게 할 수 있음을 의미한다.

한 인간이 지니고 있는 가치는 그 사람이 자기의 기분과 습관 그리고 감정 전체를 통제하고 관리할 수 있는 그의 능력에 근거한다. 우리는 대체로 행동을 통해 서로가 의사소통하고 있음을 알아야 한다. 사람들은 우리의 행동을 보고 우리를 판단한다. 그들이 보는 것이 바로 우리의 행동이기 때문이다.

우리가 문을 쾅 닫아버리거나 아무런 말 한 마디도 없이 심술궂은 표정을 보이며 감정을 통제하지 못하면 우리의 명성이 망쳐질 수 있다. 말은 중요하다. 그러나 말을 표현할 때 사용하는 감정은 더 중요하다. 우리의 의사 전달과 말의 표현 중 적어도 55%는 비언어적인 표현이다. 옷을 입거나 걸어 다니며 행동하는 수단이 우리가 감정에 책임을 지고 있는지를 사람들에게 말해준다. 우리가 사용하는 비언어적 신체언어는 우리의 말만큼이나 우리의 성품을 대변하여 많은 것들을 말해준다. 우리가 변론하거나 논쟁을 벌여야 할 유혹을 받을 때 감정을 다스리는 세 가지 방법이 있다.

- 말하기 전에 일단 멈추고 심호흡을 하라.
- 몸의 긴장과 몸 상태를 의식적으로 깨달아라.
- 뭔가 유머러스한 말을 할 생각을 해보라.

때때로 우리의 자세와 행동이 사람들에게 우리의 말을 들어주기에 힘들게 하고 있다는 걸 아주 큰 소리로 말해준다. 누군가가 이렇게 말했다.

"모든 사람들에게 믿음을 먼저 알리고 난 후에 필요하다면 말을 사용하라."

사람의 감정은 휘발유와 같다. 감정은 위험하고 파괴적일 수 있지만 적절히 통제하거나 유통될 때는 굉장한 가치가 있을 수 있다. 우리 속에 있는 감정은 일종의 에너지다. 그 에너지가 잘 활용되면 우리 내면의 귀중한 자산이 된다. "그 사람이 자기의 행동(감정)을 잘 조절했더라면 귀중한 사람이 될 수 있었는데"라고 누군가가 하는 말을 얼마나 많이 들어보았는가? 사람들은 우리의 말이 아니라 우리의 감정 통제 능력에 따라 우리를 판단한다는 걸 기억하라. 결론은 이렇다. 우리가 자신의 마음을 진정시키는 법을 배우게 되면 상황이 우리를 통제하기보다 오히려 우리가 상황을 통제하게 된다.

▶ 토론

○ 당신은 감정과 그 가치를 어떻게 생각하는가?

○ 당신은 감정 전달을 보통 어떻게 하는가?

○ 우리의 행동이나 감정은 누구에게 책임이 있는가?

▶ 등급 평가 (최고 10, 최저 1)

○ 당신은 삶 속에서 현재 이 원칙을 어느 정도 적용하고 있는가?

○ 현재의 등급을 더 높일 가치가 있다고 보는가?

▶ 깊이 생각해 보기

당신이 목청껏 소리 높여 말했는데 그 말이 틀리면 아주 곤란해질 수 있다.

# 05

## 바른 생각

그 사람의 생각이 그렇듯이 그의 마음도 그렇다.

잠언 23:7 KJV

"그 사람의 생각이 그렇듯이"라는 말은 사람의 생각의 처리 과정을 말한다. 우리의 마음은 하나님으로부터 받은 놀라운 선물이기 때문에 어느 누구도 그걸 완전하게 이해할 수 없다. 우리는 생각이 하는 역할 두 가지는 알고 있다. 즉 '추론'과 '상상력'이다. 추론은 다소 계산적이어서 우리를 개념이나 의견 또는 고려 사항으로 이끄는 반면, 상상력은 우리를 아이디어나 가능성으로 이끈다. 비록 이 둘 모두가 우리의 마음(프로세서) 속에서 처리되더라도 우리 중 대부분은 이 둘 중 하나에게 더 압도적으로 작용한다. 우리가 추리를 잘하고 논리와 상식이 풍부하더라도 '창의적 가능성 사고'에는 취약할 수 있는데, 이는 나쁜 경험이나 실패 때문일 수 있다.

어떤 이들은 공상가들이다. 그들은 현존하는 것들에 절대 만족하지 않는다. 그들이 만약 한 팀의 일원이라면 괜찮겠지만 개인적으로 그런 활동을 하는 것은 위험할 수 있다. 그들은 가능성만 보고 거기에 집중하기 때문에, 현실에서는 상식과 건전한 추론을 실천해야 한다는 사실은 잊어버릴 수 있다. 그러므로 잠언에 "그 사람의 생각이 그렇듯이 그의 마음도 그렇다"고 한 말씀은 우리가 자신의 생각을 인지함으로써 자신의 미래를 결정할 수 있다는 뜻이다. 오늘 우리의 생각이 내일 우리의 모습이 된다.

생각은 항상 행동에 선행한다. 어느 누군가의 진정한 모습은 그의 생각에 있는 것이지 언제나 그의 행동에 있는 것이 아니다. 법정에서는 우리가 이미 행했거나 아니면 행하고 있는 일로 우리를 판단하지만, 하나님은 우리가 생각하고 있는 것을 결국 우리가 실행하리라는 걸 알고 계신다. 그래서 하나님은 생각을 조심해야 한다고 미리 경고하셨다. 예수님은 "율법에는 간음하지 말라고 하지만 나는 너희가 한 여인을 보고 그를 탐하면 이미 너희는 마음속으로 간음한 것이다"라고 말씀하셨다. 하나님은 죄가 아직 생각 단계에 있을 때 우리를 깨닫게 해 범죄 행동으로부터 우리를 보호해주길 원하신다. 율법은 또 "살인하지 말라"고 하지만 예수님은 "미워하지 말라" 고 말씀하셨다. 다시 말하지만 예수님은 증오가 살인으로 이어진다 는 것을 알고 계셨다. 요점을 정리하자면, 생각은 점차적으로 자라 나 결국 행동으로 변하기 때문에 생각에 주의해야 한다.

이것을 아는 우리가 아이들의 폭력과 나라의 도덕성 결여에 놀라 야 하는가? 무엇 때문에 그런지 추정해보라. 언론과 프로그램을 통 해 우리가 그렇게 만들었다. 어떤 아이든 또 어떤 사회든 그들의 결 과는 우리가 우리의 철학으로 만든 그 환경의 산물이다. 다음의 과 정들을 반드시 기억하라.

- 지식은 생각을 창출한다.
- 생각은 행동을 산출한다.
- 행동은 습관을 만들어낸다.
- 습관은 우리의 운명을 만들어낸다.

우리가 긍정적인 미래를 바란다면 우리의 사고의 양상을 조절해 야 한다. 그럼 어떻게 사고를 조절할 수 있는가? 먼저 우리가 반드시 그렇게 하길 바라야 하고, 또 그렇다면 우리에게 입력되는 것들을 통제함으로써 우리의 마음이나 생각을 새롭게 할 수 있다. 롬12:2 좋은 읽을거리를 선정하고, 좋은 TV 프로그램을 시청하며, 동료를 조심스럽게 선택해야 한다. 마음속에 입력되는 모든 것들의 결과를 신중히 고려해야 한다. 그렇게 하면 무슨 열매를 맺게 되는가? 우리의 마음은 우리의 선택에 따라 프로그램 될 수 있는 컴퓨터와도 같아서 그것에 따라 열매가 맺힌다는 걸 반드시 기억해두어야 한다. 우리의 생각은 우리가 따르겠다고 선택하는 가치와 일치하게 될 것이다. 우리는 확실하거나 특별한 삶의 방식으로 살아가도록 운명 지어져 있지 않다. 그것은 선택의 문제다.

하나님은 우리에게 자유의지를 주셨다. 우리의 운명은 우리의 통제력 안에 있다. 현재 우리의 위치나 앞으로 위치할 곳이 마음에 들지 않으면 우리는 그것을 생각에 맡겨 바꿀 수 있다. '끌어당김의 법칙'이라는 게 있다. 즉 우리가 관심을 기울이면 우리는 그것을 끌어당기게 되어 있다는 것이다.

◇»————◆ 목표 달성을 위한 기초 ◆————«◇

▶ **토론**

○ 당신은 현재의 위치에 만족하는가? 그렇지 않다면 그걸 바꾸기 위해 무엇을 할 수 있는가?

○ 비도덕적인 행동에 개입되는 것으로부터 자신을 어떻게 보호할 수 있는가?

▶ **등급 평가** (최고 10, 최저 1)

○ 당신은 삶 속에서 현재 이 원칙을 어느 정도 적용하고 있는가?

○ 현재의 등급을 더 높일 가치가 있다고 보는가?

▶ **깊이 생각해 보기**

한때 어떤 생각으로 인해 확대된 마음은 절대 원래의 크기로 되돌아가지 않을 것이다.

◆ ◆ ◆

# 06

## 경계

왕은 자기들이 무슨 일을 하는지 아는 신하들을 기뻐하지만
문제를 일으키는 자들에게는 분노한다.

잠언 14:35 TLB

'불법침범'이란 '도덕적으로 옳은 일의 한계를 넘어서다, 법을 위반하다' 또는 '미리 정해진 경계를 넘어 침범하다'라는 뜻이다. 흥미롭게도 예수님은 "아버지여, 우리가 우리에게 죄 지은(불법침범한) 자들을 용서하는 것 같이 우리 죄(불법침범)를 용서하여 주시옵소서"마 6:12라고 기도하라 하셨다. 불법침범은 '한계를 넘어서다'는 의미를 갖기 때문에 인생살이에는 반드시 경계나 영역이 있어야 한다. 영역 표시가 분명하지 않으면 우리가 무단침범을 하고도 그것이 잘못인 줄 모를 수 있다. 잠언에 "왕은 자기들이 무슨 일을 하는지 아는 신하들을 기뻐한다"고 한 말씀은, 왕이 자기 신하들이 해야 할 일의

한계를 명확하게 정한 목적 및 직무기술서를 가지고 있어, 신하들은 그를 기쁘게 하기 위해 자기들이 무슨 일을 해야 하는지 알고 있었다는 의미다.

왕의 뜻이나 그의 목적을 알지 못하면 그것이 우리의 뜻이나 목적이 될 수 없다. 왕이든 회사든 명확한 직무기술서와 목적을 가지고 회사의 특정 정책을 제시하지 않으면 직원들은 자신들의 성과를 명확히 평가할 수 없고, 겨우 기대했던 정도만 평가할 수 있게 된다. 왕은 신하들이 "무슨 일을 하고 있는지 스스로 알고 있을 때" 기뻐할 수 있다. 신하들은 왕의 기대치가 분명하면 그를 기쁘게 할 수밖에 없다. 그러므로 우리는 기대치를 정하기 전에 일의 한계를 정한 분명한 목표를 세워야 한다. 이것이 우리에게 할 일에 대한 명확한 비전과 미리 정해놓은 한계치의 범위 내에서 자유롭게 일할 수 있는 기회를 주게 될 것이다.

만일 사람들이 우리를 공정하게 대해주길 기대한다면 우리가 먼저 스스로 공정해야 한다. 이러려면 주변 사람들을 위해 정해놓은 적절한 한계와 경계가 있어야 한다. 아이들은 우리가 정해놓은 규칙과 목적을 그들이 알고 이해하는 경우에만 즐거운 마음으로 우리에게 순종하게 된다. 이런 일은 그들이 즐기면서 할 수 있는 놀이(게임)의 일부가 되게 해야 한다. 우리는 사람들이 이미 알고 있어야 할 것으로 여겨지는 것을 기준 삼아 누군가를 징계할 수는 없다. 그렇지 않으면 그들은 스스로 노예처럼 느껴지게 될 것이다. 누구든지 기대하거나 기대되는 것을 모르고 성과를 즐길 수는 없다. 성과가 기대치로 평가되고 당사자들이 목표의 목적을 이해하게 되면 일은 놀이로 바뀐다. 이렇게 되면 구성원들은 '그들them'이기보다는 오히려 '우리us'가 되고 회사와 직원들이 하나의 팀이 된다. 우리의 삶에는 어둡게 보이는 특정 영역이 있긴 하지만, 그래도 대부분의 경우 우리가 무엇을 지지하고, 무엇을 기대하는지 사람들은 분명히 알고 있다. 이것으로 우리는 예측이 가능하게 되었고, 추측과 불확실성의 게임은 끝나버린다. 하나님은 자기 자녀들에 대한 기대가 분명하다. 그래서 그는 우리의 성과를 위하여 커다란 상을 예비하고 있다.

위 잠언의 뒷부분에서 "왕은 문제를 일으키는 자들에게 분노한다"고 말씀한다. 대부분의 직원들은 회사의 목표와 목적이 명확하게 전달되면 자신의 리더를 존중하게 된다는 걸 발견하게 된다. 그들의 의견과 우리의 의견이 언제나 일치하는 건 아니지만, 그래도 그들은 여전히 우리를 존중한다. 그러나 어떤 일이나 어떤 사람에게든 무조건 반대하는 몇몇 저항 세력은 있게 마련이다. 그들에게는 공정성에 대한 생각이 전혀 없다. 다행히도 그들은 우리 사회의 소수에 불과하다. 그런데도 왕을 분노하게 하므로, 그들은 그에 상응하는 취급을 받게 된다. 만일 가족이나 직원들이 우리에게 화가 나 있다면 다음과 같이 스스로 자문해 보아야 한다.

- 내가 정한 기대치가 너무 높거나 비현실적인가?
- 내가 정한 경계가 자유롭게 일하게 할 수 있을 정도로 그 넓이가 충분한가?
- 내 태도가 그들을 대하기에 올바른가?

이 모두가 바르게 실행되면 불법침범은 아주 적어질 것이다. 그렇더라도 우리에게는 불법침범뿐만 아니라 법을 위반하는 몇몇 반대 세력이 있을 수 있는데, 그들은 '왕을 분노하게 한다.' 하지만 우리는 명확한 기대치와 경계를 정함으로써 우리의 역할을 다해야 한다. 그렇지 않으면 사람들은 우리가 불공정하다고 주장할 수도 있다.

◇»————◆ 목표 달성을 위한 기초 ◆————«◇

▶ 토론

○ 사람들이 몰래 당신을 해롭게 하고 있는가? 왜 그런가?

○ 우정을 지키는 데 문제가 있는가?

○ 경계를 정하는 일이 왜 당신 자신을 관리하는 중요한 관점이 되는가?

▶ 등급 평가 (최고 10, 최저 1)

○ 당신은 삶 속에서 현재 이 원칙을 어느 정도 적용하고 있는가?

○ 현재의 등급을 더 높일 가치가 있다고 보는가?

▶ 깊이 생각해 보기

경계는 마치 악보와 같아서 그대로 따르면 훌륭한 화합이 된다.

————◆◆◆————

# 07

## 인내

참고 견디면 결국 승리할 것이다.
부드러운 혀가 단단한 뼈를 부술 수 있기 때문이다.

잠언 25:15 TLB

훌륭한 리더들은 잘 참는다. 인스턴트식품, 순간 접속, 순간 정보가 만연한 이 세대에 우리는 훌륭한 미덕인 인내를 잊어버렸다. 인내는 양적 미덕이 아니라 오히려 질적 미덕이다. 인내는 지연이나 나태와는 다르다. 인내는 적절한 순간을 기다리며 시간과 때에 따라 운용된다. 만일 우리가 옥수수를 갖고 싶다면 옥수수 씨앗을 뿌리기 위해 봄을 기다려야 한다. 그런 다음 수확하기 위해 다시 가을을 기다려야 한다. 이처럼 당장 해결할 수 없는 문제들이 있다. 이런 일들은 때때로 반드시 무르익어야 한다. 적당한 시간의 기다림이 없으면 문제가 더 커질 수 있다. 성숙한 리더들은 삶과 비즈니스에서 때를

인지하고 변화의 시간을 받아들인다. 그들은 변화를 하나의 과정으로 알고, 그 과정에서 인내를 실천한다. 그들은 또한 인내하지 않으면 자기들이 너무 많은 일들을 강요하게 되어 결국 큰 대가를 치러야 하는 미숙한 대응의 원인이 될 수 있다는 걸 안다. 직원이나 팀을 바로잡아주기 전에 먼저 그들의 기분을 감지하는 것이 중요하다. 상황을 처리하기에 적합한 때와 그렇지 않은 때가 있다.

인내하는 사람들은 다음 세 가지의 명예를 얻는다.

- 그들은 자제력이 있는 사람들로서 존경을 받게 되는데, 이는 그들이 힘든 상황에 어떻게 대응할지 그 방법을 살피기 때문이다.
- 그들은 높은 이해력을 지닌 사람들로서 존경을 받게 되는데, 이는 그들이 대응하기 전에 자신들의 이해를 확신하기 위해 남의 말을 경청하기 때문이다. 그들은 어떤 상황에서도 큰 위험부담이 없게 될 것이다.
- 그들은 지혜로운 사람들로서 존경을 받게 되는데, 이는 그들이 관련자들에게 좋은 조언을 해줌으로써 소리 소문 없이 그들의 두려움을 잠재워주기 때문이다.

화가 치밀어 오를 때는 진정될 때까지 기다려야(참아야) 한다. "학생이 준비가 됐을 때 비로소 선생님이 나타나게 될 것이다"라는 오랜 속담이 있다. 마음의 준비가 되어 있지 않은 상태로 급하게 대응하면 상황을 더 복잡하게 만들고, 결국 모든 것을 잃게 된다. 그러나 잠언의 말씀처럼 "오래 참으면 관원도 설득할 수 있다." 인내심을 가진 사람들은 누구든지 승리할 수 있다. 인내심이 바르게 실행되면 관련자들 모두에게 평안과 안전이 주어질 것이다.

인재를 개발하려면 시간이 걸린다는 사실에 주의하고 인정해야 한다. 초등학생이 중학교 수업을 이해할 거라는 기대는 하지 말아야 한다. 훌륭한 리더들은 밀어붙일 때와 물러설 때를 안다. 그들은 리더십을 이렇게 기억한다. 리더십이란 사람들을 이끌며, 자기들이 아는 것을 그들도 알게 하고, 그들이 어떻게, 언제, 왜 목표점에 도달하길 바라는지, 그 모든 걸 그들에게 가르치는 것이다. 우리의 기대 기준이 사람들을 훈련하고 개발하는 데 있어야 한다. 이런 일은 시간이 걸린다는 걸 알아야 한다. 우리가 절대로 문제를 무시해서는 안 되지만, 그래도 문제를 해결하기 위해서는 알맞은 때가 오기를 살피며 시간을 두고 인내해야 한다. 우리가 기도하며 기다리고 있으면 보통은 하나님이 해결책을 가진 누군가에게 영감을 주게 될 것이다.

인내는 우리가 대하는 사람들의 마음뿐만 아니라 우리 자신의 마음을 단련하고 준비시켜 준다. 그러므로 화급하거나 돌발적인 상황에 처해지면 하던 일을 멈추고 조금이라도 인내를 실천하라. 그러면 당신은 더 지혜로워지고 더 인정받게 될 것이다.

## ◇»————◆ 목표 달성을 위한 기초 ◆————«◇

▶ **토론**

○ 당신은 인내하는 사람으로 알려져 있는가? 아니면 질질 끄는 사람으로 알려져 있는가?

○ 인내를 실천하는 데 가장 힘든 부분은 무엇인가?

○ 아무 일도 없을 그때가 당신을 괴롭게 하는가?

▶ **등급 평가** (최고 10, 최저 1)

○ 당신은 삶 속에서 현재 이 원칙을 어느 정도 적용하고 있는가?

○ 현재의 등급을 더 높일 가치가 있다고 보는가?

▶ **깊이 생각해 보기**

인내란 기어를 떼어내야 할 것 같은 느낌이 들 때 모터를 공회전할 수 있는 능력이다.

# 08

## 억제

자제력은 혀를 통제한다는 뜻이다!
성급한 응대가 모든 것을 파괴할 수 있다.

잠언 13:3 TLB

혀는 비록 우리 몸의 작은 지체이지만 많은 문제를 일으키고 통제하기가 아주 힘들다. 우리는 혀를 사용해서 모욕하고 비난이나 비방을 하며 파괴할 수 있고 또 남들을 축복하고 위로하며 양육할 수도 있다. 우리가 입으로 전하는 것이 무엇이든 그대로 다 우리에게 되돌아온다는 사실을 깨닫는 것이 중요하다. 떠도는 소문은 어딘가 떠돌아다니다 결국 그대로 되돌아온다. 말에는 강력한 힘이 있어 파멸을 일으키기도 하고 또 해결책을 가져올 수도 있다.

우리는 우리의 입에서 나오는 말로 판단을 받는다. 성경은 "이는 마음에 가득한 것을 입으로 말함이니라"눅 6:45고 말씀한다. 혀는 우리 몸의 다른 어떤 지체보다 '심고 거두는 법칙'에 따라 해야 할 역할이 더 많다. 잠언은 "입과 혀를 지키는 자는 자기의 영혼을 환란에서 보전하느니라"잠 21:23고 말씀한다. 이 말씀은 훌륭한 조언이라 할 수 있는데, 그 이유는 우리가 입을 지키거나 통제하지 못하면 입이 문제를 키워버리기 때문이다. 우리가 말을 너무 많이 하게 되면 스스로 곤경에 처하게 되고, 사람들은 우리를 입이 가벼운 사람이거나 남 말하기 좋아하는 사람으로 판단할 것이다. 그렇게 되면 문제가 불거지는 것을 정당화하거나 부인하려고 할 것이다. 일단 거짓말을 한 다음 빠져나가려고 하면 끝이 보이지 않는 지독한 논쟁 속으로 빠져들게 된다.

누구나 다정스럽고 사교적인 사람이 되려는 것은 언제나 좋은 일이다. 하지만 그것이 자랑이나 과장, 또는 남에 대한 이야기가 될 때는 혀를 통제해야 한다. 우리 마음속에 들어온 것이라고 해서 모든 것을 다 말해서는 안 된다는 뜻이다.


우리가 말을 너무 많이 해서 스스로 곤경에 빠진 적이 몇 번이나 있는가? 남들에 관한 험담과 소문을 퍼뜨리는 일은 가족과 친구들로부터 우리를 갈라놓게 할 각종 싸움을 만들어 낸다. 거짓말은 그 사실이 밝혀진 다음엔 보통 자기 혀를 통제하지 않은 사람을 향해 되돌아간다. 기업가로서 우리는 우리의 말이 혀의 충동적인 표현이 아닌 통제력을 나타내 보이게 하는 것이 중요하다.

자기 혀를 조심스럽게 다루는 세 종류의 사람이 있다.

- **지혜로운 사람:** '비밀은 반드시 지켜져야 한다'고 이해하고 있는 사람.
- **성실한 사람:** 자신의 말과 기준을 절대 어긋나게 하지 않는 사람.
- **똑똑한 사람:** '자신은 아는 게 없다'는 걸 알 정도로 겸손하고 입을 벌려 자신을 노출시키지 않는 사람. "입을 벌려 모든 의혹을 없애려고 하는 것보다 아무 말도 하지 않고 바보로 여겨지는 것이 더 낫다"는 잠언의 말씀을 실증하는 사람.

우리가 복된 삶을 살기를 바란다면 계속적으로 말하기를 멈추거나 통제해야 한다. 자제력은 혀를 통제하는 것이다. 혀는 좋은 말을 하는 데 사용되어야 한다. 그렇게 하는 것은 자신뿐만 아니라 남들에게도 긍정적인 운명을 만들어 줄 좋은 씨앗을 뿌리는 것과 같다. 하나님은 말의 능력을 알고 계신다. 그는 말씀으로 세상을 존재하게 하셨다. 하나님은 말씀의 능력으로 선악을 만들어 낼 수 있는 힘과 능력을 우리에게 주셨다. 혀를 조심하라. 당신의 미래가 당신의 혀에 달려있기 때문이다.

◇»——◆ **목표 달성을 위한 기초** ◆——«◇

▶ 토론

○ 당신은 어떤 상황에서 화급한 응대를 통제하기가 가장 어려운가?

○ 당신은 혀로 어떤 좋은 씨앗을 심었는가?

▶ 등급 평가 (최고 10, 최저 1)

○ 당신은 삶 속에서 현재 이 원칙을 어느 정도 적용하고 있는가?

○ 현재의 등급을 더 높일 가치가 있다고 보는가?

▶ 깊이 생각해 보기

분노는 독을 마시고 남이 죽기를 기다리는 것과 같다.

———— ◆ ◆ ◆ ————

# 09

# 화

*화를 늦추는 것이 유명해지는 것보다 더 낫다.*

잠언 16:32 TLB

사람의 성급함이 잘못이 아니라는 점을 주목해야 한다. 화는 우리 속에 있는 추진력이다. 그것은 약자와 강자 간의 차이와 같다. 많은 사람들이 자신의 성질을 누그러뜨려 달라고 하나님께 기도한다. 그런 기도는 잘못된 기도다. 화는 강력한 힘의 선물이다. 오히려 그걸 주신 하나님께 감사해야 한다. 기업가들은 대부분 성질이 아주 급한데, 그런 기질이 그들에게 에너지를 부어주고 삶의 목표와 목적을 이룰 수 있도록 이끌어준다.

사람의 화는 휘발유와 같다. 화(함량)를 부리면 부릴수록 가치(옥탄)는 더욱더 높아진다. 이 둘 다 폭발할 수 있는 위험성이 있다. 휘발유는 조심스럽게 관리하지 않으면 집을 태워버릴 위험이 있겠지만 또한 매우 유용하게 사용할 가치가 있다. 하나님은 우리에게 "화는 내되 죄는 짓지는 말라"고 말씀하셨는데, 이 말씀은 물건이 위험하다고 해서 그걸 무조건 내다버리지 말고 그 가치를 잘 활용할 수 있도록 안전규칙을 세워야 한다는 의미다.

마찬가지로, 우리가 화를 회피할 것이 아니라 그것을 통제하게 해야 한다. 화는 늦추되 맥 빠지게는 하지 말라. 안전규칙을 만들어 화가 창출해내는 에너지의 값을 평가해야 한다. 우리는 분노할 때 더 강해진다. 그럴 때 더 열심히 일하고 더 많은 일이 성취된다. 화가 마음에 영향을 줄 뿐만 아니라 몸 전체에도 활력을 준다. 그렇지만 동일한 에너지가 파괴적으로 될 수도 있다. 우리는 누군가를 해치거나 물건을 부술 수 있고 또 관계를 파괴하고 지역 공동체에서 신의를 잃어버릴 말을 할 수도 있다.

따라서 화가 난다는 예감이 들 때 무슨 일을 해야 할지, 그것이 우리와 우리 주변 사람들에게 어떤 영향을 미치게 될지 생각해봐야 한다. 그렇게 하면 화를 관리하거나 에너지를 긍정적인 방법으로 사용하게 된다. 성공적인 사람들은 대개 성질이 급하지만 응대하기 전에 먼저 생각을 해보도록 학습되어 있다. 그래서 그들은 유명해졌고 지혜로운 사람들로 알려졌다. 화를 조절하는 것이 인격과 신뢰성을 키워준다. 그러면 폭발하는 화를 어떻게 관리할 수 있는가? 다음 사항들을 고려하라.

- 항상 그 잠재적 위험성을 의식하라.
- 항상 당신의 응대가 어떤 대가를 치르게 될지 고려하라.
- 당신의 화가 어떤 가치를 지니고 있는지 알아서 그 에너지를 유용하게 사용하라.
- 경쟁적인 스포츠나 운동 프로그램을 통해 남아도는 에너지를 표출하라. 칼로리를 불태워버리면 화가 진정된다.

훌륭한 사람들은 모두 무엇이 화를 잘 내게 만드는지 알고 있지만 그들은 또한 그것을 단련하는 방법도 알고 있다. 심지어 식물들(나무와 꽃)조차 결실을 맺기 위해 자신들의 야생성(성질)이 다듬어지게 한다. 귀중한 가치를 지니고 있는 것은 무엇이든 관리와 통제가 필요하다. 그렇지 않으면 그 가치를 잃게 될 것이다.

그러므로 화를 오히려 감사하게 여겨라. 너무 빨리 과열하지는 말라. 그렇지 않으면 당신이 주변 사람들을 불태워버리게 될 것이다. 화를 천천히 늦춰라. 그 열기를 주변의 차가운 마음을 따뜻하게 하는 데 사용하라. 그렇게 하면 당신은 자신을 잘 관리하는 지혜로운 사람으로 알려지게 될 것이다.

## ◇》───◆ 목표 달성을 위한 기초 ◆───《◇

▶ 토론

○ 당신은 화 때문에 무언가 대가를 지불한 적이 있는가? 그 대가는 무엇이었는가?

○ 당신은 자신의 화를 평가하고 있는가?

▶ 등급 평가 (최고 10, 최저 1)

○ 당신은 삶 속에서 현재 이 원칙을 어느 정도 적용하고 있는가?

○ 현재의 등급을 더 높일 가치가 있다고 보는가?

▶ 깊이 생각해 보기

사람의 화는 "미안하다"고 말할 필요가 없을 경우에만 선물이 된다.

───◆◆◆───

# 10

## 용서

죄악은 자비와 진리로 인해 속죄되고
악행은 하나님을 경외함으로써 피해진다.

잠언 16:6 TLB

'속죄贖罪'는 '우리가 저지른 죄악이나 악행 또는 잘못에 대한 대가를 지불한다'는 의미다. 그런 대가 지불, 즉 속죄가 우리의 죗값을 치르고 우리를 원상태로 회복시켜주게 되는데, 그 최종 결과는 용서다. 용서의 원칙은 아마도 삶 속에서 우리가 체험할 수 있는 가장 보람된 원칙 중 하나일 것이다. 이는 용서가 우리 인간의 건강과 안녕에 중요한 영향을 미치기 때문이다. 용서는 또한 남들과의 일반적인 관계뿐만 아니라 상거래에서도 효과가 있다.

용서를 체험하기 위해서는 우리가 왜 하나님께 용서를 시인하고 받아들여야 하는지 그 이유를 깨달아야만 한다. 하나님은 거룩하고 의로우시기 때문에 자신의 법에서 파생된 용서를 우리가 서로 실천하기를 원하신다는 것을 먼저 인정해야 한다. 삶과 생활의 진정한 규칙들은 하나님이 만드셨다. 이 규칙들을 '진리'라 이른다. 이 규칙들은 처벌 없이는 취소될 수 없다. 이것은 마치 중력의 법칙과 같아서 그 법칙을 우리가 바꿀 수는 없고 단지 그것으로 인해 살아가는 방법을 배워야 할 뿐이다. 그와 마찬가지로, 하나님의 법은 의롭기 때문에 그걸 위반하면 반드시 형벌이 뒤따른다. 그렇지 않다면 하나님의 말씀은 믿을 수 없게 되었을 것이다. 하지만 위반하면 곧바로 처벌이 뒤따르는 엄격함과는 달리 자비와 용서가 가능하게 되었고, 우리에게 또 다른 기회를 줘서 우리가 삶의 영적 규칙을 배우는 과정에 있게 되었다. "모든 백성은 나의 창조물"이라는 것이 하나님의 입장이다. 하나님은 좋든 나쁘든 모든 것을 사랑하신다. 다른 점은, 의인들은 삶을 운영하는 것이 무엇인지를 이미 발견한 반면, 그 외의 사람들은 그렇지 않다는 것이다.

하나님은 우리가 자신이 만든 '의의 법'에 미치지 못하리라는 걸 이미 아시고 '속죄의 법'을 예비해 놓으셨다. 그는 이것을 '용서'라고 하셨다. 우리가 용서를 이해하거나 받아들이지 않는다면 우리는 하나님의 '의의 시스템' 중 형벌과 처벌 아래 놓이게 된다. 예수님은 하나님의 의의 법을 파기하거나 없애기 위해 이 땅에 오신 것이 아니라, 사랑과 자비의 원칙에 의를 더하여 가르치기 위해 오셨다. 예수님은 자신을 영접하는 사람들을 기꺼이 용서하신다. 자비가 없는 법은 삶을 어렵고 힘들게 만든다. 그런 법은 끊임없이 죄책감과 분노를 일으키게 해 결국 우리의 건강과 관계를 파괴시킨다. 우리가 용서를 체험하지 않으면 삶과 사람들에 대해 일반적으로 나쁜 태도를 유발하고, 삶에 대해 부정적이며 방어적인 습관에 빠지게 된다.

다음의 두 가지 태도에 주의하라.

- **엄격한 법의 태도:** 이런 태도는 아이들이나 노동자들 또는 사회에서 폭동을 유발한다. 사람들이 자기들은 절대 선할 수 없다는 느낌을 갖고 그렇게 일을 시도한다.
- **느슨한 태도:** 이런 태도는 사람들에게 살아가는 어떠한 목표나 경계를 두지 않음으로써 아이들, 노동자들, 사회와 함께 무책임한 태도를 만들어내고, 그런 다음 자기들은 벌을 모면할 수 있다는 느낌을 갖게 한다.

모든 규칙은 하나님이 만드셨다는 점을 반드시 기억해둬야 한다. 하나님의 의는 항상 옳기 때문에 그는 자기의 의의 법을 바꿀 수 없다. 그러나 그는 삶의 고통과 고민을 덜어주는 또 다른 법을 만드셨다. 용서의 원칙을 이해하고 받아들인다면 우리는 속죄(대가 지불)를 받게 될 것이다. 속죄란 우리가 잘못한 것에 대한 용서다. 그래서 우리는 다시 일어나 새롭게 시작할 수 있고 번영과 기쁨으로 빛의 자녀들처럼 행할 수 있다. 예수님은 길 그 이상이시다. 그는 또 진리이고 생명이시다. 그는 의로우신 분으로 우리에게 자비와 용서를 베푸셨고, 우리는 그의 나라의 의의 규칙에 따라 살아가는 법을 배우는 과정에 있게 되었다.

▶ **토론**

○ 당신에게 해를 끼치는 사람들을 용서하는 일이 정말 쉬운 일인가?

○ 당신은 삶 속에서 나쁜 실수를 저지른 자신을 용서할 수 있는가?

○ 속죄를 받는다는 말이 무슨 뜻인가?


▶ **등급 평가** (최고 10, 최저 1)

○ 당신은 삶 속에서 현재 이 원칙을 어느 정도 적용하고 있는가?

○ 현재의 등급을 더 높일 가치가 있다고 보는가?


▶ **깊이 생각해 보기**

용서는 높은 가치를 지닌 선물로써 겸손한 사람들 간에는 흔히 있는 일
이다.


◆◆◆

# PART 2

# 생산성의
# 원칙

*Productivity Principle*

*Solomon's Wisdom: Business Principles and Values*

# 01

## 포부

지혜로운 젊은이는 해가 떠있는 동안에 건초 작업을 하지만,
자기에게 주어진 기회의 때에 잠자며 시간을 허비하는 젊은이는
그게 얼마나 부끄러운 일인지 알게 될 것이다.

잠언 10:5 TLB

성공적인 사람들에게 첫째가는 성격 특성 중 하나는 멈추지 않는 그들의 포부다. 그들은 일을 열심히 하는 사람들로 알려져 있고 언제나 일을 성취하는 데에 관심을 두고 있다. 그들은 자신들의 포부 때문에 많은 기회를 예견하고 항상 "해가 떠있는 동안 건초 작업을 하려고" 한다. 그들은 해가 항상 자신을 위해 비추지 않을 거라는 걸 알고 있기에 기회가 생기면 놓치지 않고 잘 이용한다. 포부가 있는 사람은 자기에게 주어진 최상의 때에 잠이나 자며 시간을 허비하지 않는다. 그들은 아침에 일어나 자세를 바르게 하고 기도로 하루를 시작한다. 사람들에게 활기를 불어넣는 세 가지 방법이 있다.

- 사람들의 '비상 버튼'을 찾아 누르라.
- 사람들의 잠재력에 대해 말하라.
- 사람들의 성취를 보상하라.

에너지는 항상 비전과 목적을 따라다니는데, 그것이 개인적인 이득이나 성취를 위한 것일 때는 그 한계가 끝이 없어 보인다. 이런 환경이 기회를 만들어내고, 기회가 목적에 따라 이끌려 갈 때 기회는 늘 풍성해진다. 그러나 기회는 에너지가 큰 사람들에게만 보인다. 그러므로 "지혜로운 젊은이는 해가 떠있는 동안 건초 작업을 한다"는 말은 그 젊은이는 건초를 만들기 위해 이미 계획을 세워두었다는 걸 의미한다. 그는 이미 활력이 넘치는 일꾼이고 기획자이며 포부가 가득 찬 사람이었다. 그는 오직 날씨와 햇빛 그리고 기회를 기다리고 있었다.

기회는 반드시 바라는 그대로 찾아오지는 않는다. 우리가 기회를 만들어내야 한다. 어느 누구도 게으르거나 비생산적인 사람에게는 기회를 주지 않는다. 그런 사람은 기회를 줘도 거기에 뛰어들지 않을 거란 걸 사람들이 알고 있기 때문이다. 보통 호의는 구하여 얻어지는 것이다. 호의를 활용하지 않을 게 뻔한 사람에게 호의를 베풀기는 어려운 일이다. 스포츠 경기에서 "공이 우리에게 튕겨져 오지 않았어"라며 선수들이 변명하는 걸 듣게 된다. 그러나 다른 선수들은 공을 쫓아가서 공이 튕겨져 갈 장소에 자신들이 제대로 위치하고 있는지 확인할 것이다. 그들은 공을 쫓아가서 기회를 만들어낸다. 어떤 사람들은 당신이 운이 좋았다고 말하겠지만, 또 다른 사람들은 "내가 더 많이 실천하고, 더 열심히 일을 하면 할수록 나는 더 많은 행운을 얻게 될 것이다"라고 말할 것이다.

그러므로 기회는 긍정적인 태도를 가지고 열심히 일하고 포부와 책임감이 넘치는 사람들을 따라간다. 그런 사람들은 일이란 저절로 생겨나지 않는다는 걸 알기 때문에 일이 생기게 하려고 애를 쓴다. 그들은 공을 쫓아간다. 그들은 또한 일을 계획하고 실행하는 그 가치를 안다. 그들은 지혜로운 사람들로서 시간에는 한계가 있기 때문에 지혜롭게 관리되어야 한다는 걸 안다.


옛말 중에 "일을 성취하고 싶다면 이미 지나칠 정도로 바쁜 사람에게 가서 물어 보라"는 말이 있다. 포부가 넘치는 사람들은 생산적인 사고 패턴을 지니고 있기 때문에 기회를 예견한다. 결국 그들은 기회를 찾아내고야 만다. 그들의 근면하고 생산적인 태도가 그들 속에서 필요성을 창출하여 계획하고 조직한다. 기회의 순간을 붙잡기 위해 우리가 실행해야 할 일들이 있다.

- 일을 계획해야 한다.
- 시간의 한계를 정하거나 배정해야 한다.
- 끊임없이 자신과 목표를 재평가해야 한다.

이렇게 함으로써 더 좋은 방법, 더 높은 가능성, 더 큰 기회를 발견하게 된다. 그렇게 하면 자신의 기회의 시간을 잠이나 자며 허비하지 않게 될 것이다. 그들에게 일은 곧 기회로 간주되고 언제나 유용하다. 무언가를 하고 싶어 하는 사람들에게는 언제나 할 일이 있게 마련이다. 이런 것이 포부를 가진 사람들에게 주어지는 기회가 된다. 생산적인 날들이 우리의 기분을 좋게 하겠지만, 잠이나 자며 시간을 허비할 때는 한심하게 느껴진다. 그러니 해야 할 일을 부지런히 계획하고 완수하라. 그렇게 하면 당신에게 큰 수익금이 지불되어더 큰 기회를 만들게 될 것이고 당신은 자신의 목표를 달성할 에너지와 포부를 갖게 될 것이다.

## ◇»———◆ 목표 달성을 위한 기초 ◆———«◇

▶ **토론**

○ 포부를 갖는 게 좋은가? 그 이유는 무엇인가?

○ 하나님은 성공과 권력을 왜 문제로 지키시는가?

○ 기회는 노력으로 얻어지는 것인가? 아니면 베풀어지는 것인가?

▶ **등급 평가** (최고 10, 최저 1)

○ 당신은 삶 속에서 현재 이 원칙을 어느 정도 적용하고 있는가?

○ 현재의 등급을 더 높일 가치가 있다고 보는가?

▶ **깊이 생각해 보기**

활기 넘치게 하는 비밀은 성취하고 싶은 어떤 목표를 갖게 하는 것이다.

———◆◆◆———

# 신뢰성

하나님은 약속을 지키는 사람들을 기뻐하시지만
약속을 어기는 사람들은 증오하신다.

잠언 12:22 TLB

우리의 삶과 비즈니스는 안정되고 신뢰할 수 있는 것들을 기초로 세워진다. 우리는 중력과 태양계의 시간 조절처럼 안정된 물리학 법칙을 따른다. 이러한 법칙은 변하지 않기 때문에 우리는 이런 법칙에 따라 삶을 계획할 수 있다. 또 우리는 인간이 만든 기계와 기술에 의존한다. 신뢰할 수 없는 기계와 시스템은 대체되고 만다. 이런 원리는 우리 각 개인에게도 마찬가지로 적용된다. 만일 우리에게 신뢰성이나 시간에 대한 철저함이 없다면 우리도 누군가에게 대체될 수 있다.

성공적인 기업가는 보통 다음과 같은 평판을 가진다.

- 그들은 신속하며 자신의 시간을 잘 활용한다.
- 그들은 자기가 한 말을 지키고 남들도 똑같이 그렇게 하길 기대한다.
- 그들은 변함이 없고 예측이 가능하다.

그들은 이런 것을 신뢰성이라고 한다. 기업가에게 있어 자원의 관리는 수익성을 높이는 열쇠로 간주된다. 우리는 천연자원과 금융자원의 필요성에 대해 알고 있다. 그러나 사람들의 인성과 그들의 엄격한 시간 개념을 하나의 자원으로 평가하는 것 역시 매우 중요하다. 그러려면 먼저 시간을 귀중한 자원으로 인정해야 한다. 시간은 인류에게 주어진 가장 값진 상품 중 하나로 간주되어야 한다. 시간이 없으면 아무것도 할 수 없다. 낭비한 한순간은 영원히 잃어버린 순간이다. 우리가 시간을 잘 지킬 때 남들의 시간뿐 아니라 우리의 시간도 소중히 여기고 있음을 보여주게 된다. 이렇게 되면 남들이 우리를 충실하고 믿음직하며 책임을 지는 사람으로 여기게 되기 때문에 우리 자신의 가치가 창출된다.

가장 눈에 띄는 성격적 결함 중 하나는 시간에 맞춰 약속 장소에 나오지 않거나 아예 나타나지 않는 경우이다. 지각을 하게 되면 우리 평판에 영향을 미치기 때문에 많은 대가를 치러야 한다. 그렇게 되면 우리는 정해진 약속에 지각이나 하는 믿을 수 없는 사람으로 알려지게 된다. 우리가 어떻게 해서라도 늘 변명할 구실을 찾아 은폐하려고 하면 결함이 더해져 심지어 거짓말조차 거리낌 없이 하게 된다. 사람들이 자신들의 습성에 따라 남을 비난하긴 해도 그걸 바로잡지는 못한다. 만일 우리가 사적인 시간 엄수를 책임지지 못하면 남들도 우리를 똑같이 취급해 서로가 기다리고 앉아서 시간을 낭비해 버리게 될 것이다. 지각은 하나의 나쁜 습관이다. 그런 나쁜 습관은 그게 얼마나 해를 끼치는지 우리가 알기 전에는 극복하지 못할 것이다. 어떤 사람은 바쁘다는 이유 때문에 지각을 정당화하려 할 것이다. 그러나 만일 우리가 직장에서 지각하고, 배달을 지연시키고, 약속 시간에 늦으면 우리는 조만간 직업이든 배달이든 약속이든 모든 걸 다 잃게 될 것이다. 시간에 맞춰 약속 장소에 도착할 계획이 안 되면 차라리 약속을 하지 말라. 우리가 이런 결함을 극복하게 되면 사람들에게 우리를 믿게 하는 귀중한 자산을 얻게 된다. 사람들은 "그 사람은 책임감이 있고 자기가 한 말을 지키는 사람입니다. 그는 믿을 만하고 예측이 가능합니다. 당신은 그를 신뢰해도 됩니다"라고 말할 것이다.

신뢰성은 강력한 힘을 지닌 성격 특성으로써 다른 훌륭한 특성들도 함께 동반한다. 우리가 약속을 지키면 하나님이 우리를 기뻐하실 것이며 우리 주변 사람들도 그럴 것이다. 다음에 사람들을 만나러 갈 때 시간을 엄수한 점수가 얼마나 나오는지 1에서 10까지 기준을 두고 평가해 보라. 그 결과가 당신에게 매우 고무적일지는 모르지만, 바로 그런 점이 남들이 처음부터 주목해왔던 것일 수 있다.

◇»————◆ **목표 달성을 위한 기초** ◆————«◇

▶ 토론

○ 누군가가 당신의 친구나 동료에게 당신의 신뢰성에 대해 물어본다면 그들이 뭐라고 말할까?

○ 누군가가 약속 시간에 늦었다면 당신은 어떤 반응을 보이는가?

▶ 등급 평가 (최고 10, 최저 1)

○ 당신은 삶 속에서 현재 이 원칙을 어느 정도 적용하고 있는가?

○ 현재의 등급을 더 높일 가치가 있다고 보는가?

▶ 깊이 생각해 보기

신뢰할 수 있는 사람은 태양과도 같다. 태양은 폭풍이 맹위를 떨칠 때에도 여전히 제자리에 있기 때문이다.

◆ ◆ ◆

# 03

## 목표

우리는 하나님이 우리를 인도하고 있다는
기대를 가지고 계획을 세워야 한다.

잠언 16:9 TLB

계획을 세우는 일은 그 자체가 하나의 목표일 수 있다. 그러나 목표는 주로 계획 중에 세워진 장·단기 전략을 말한다. 계획은 목적의 커다란 그림이고, 단기 목표는 목표 달성 방법에 관한 전략 수단의 지침이다. 인생에서 하고자 하는 일이 무엇이든 그 일은 목표에 따라 실행되어야 한다. 만일 목표가 없다면 자신의 삶의 방향이 없어지게 되어 결국 누군가 남의 계획에 종속되어버리고 만다. 일은 그저 생겨나는 게 아니라는 걸 알아야 한다. 우리는 가능성과 미래를 꿈꿀 수는 있다. 하지만 이들을 어떻게 달성할 수 있을지에 대해 주간 또는 월간 목표를 가지고 계획을 설계하지 않으면 이룰 수 없게 될 것이다. 늘 일간업무계획서 또는 미리 작성한 주간업무처리 목록에 따라 일을 해야 한다. 이렇게 하면 우리가 일을 성취하여 어딘가 성공을 향해 가고 있게 되기 때문에 우리에게는 신나는 삶과 미래가 주어지게 될 것이다. 계획과 목표가 없으면 우리는 그냥 있는 그대로의 상황에 반응할 수밖에 없게 되고, 삶은 오직 상황만이 가득한 무의미한 느낌을 주게 된다. 삶의 성공은 다음 순서에 따라 시작된다.

- **우리의 현 위치 알기 (인식)**
- **우리가 원하는 것이 무엇인지 알기 (목표)**
- **목표 달성을 위한 계획 세우기 (전략)**

목표를 가지고 계획에 따라 일을 계속 하다 보면 삶의 대부분은 원하던 대로 될 수 있다. 활동을 계획하고 스스로 세운 목표에 도달할 때 큰 만족감을 갖게 된다. 자신에게 자문해보자. 이번 주에 하고 있는 일들은 내 개인적인 목표의 일부로써 내가 계획한 일들인가? 아니면 누군가 남의 유익을 위해 계획된 일들인가?

우리는 모두 남의 아이디어와 꿈에 반응하고 참여해야 한다. 그러나 자신의 삶의 소망을 이루고 싶다면 우리는 또한 자신의 아이디어와 꿈을 가지고 이들을 어떻게 실현할 것인지에 대한 계획을 세우기 시작해야 한다. 그렇다. 목표를 갖고 계획을 세워야 한다. 그러나 하나님의 인도하심을 기대해야 한다.

우리의 꿈이 이루어지게 하기 위해서는 다음 네 가지 일들을 실천해야 한다.

- 꿈을 적어라. (명확성)
- 꿈의 대가를 적어라. (평가)
- 목표와 전략을 적어라. (계획)
- 목표와 전략을 정기적으로 재점검하라. (집중)

인생에는 "우리가 주의를 기울이는 그것을 우리가 끌어당긴다"는 법칙, 즉 끌어당김의 법칙이 있다. 그러므로 늘 펜과 종이를 몸에 지니고 다니면서 목표에 도움이 되는 생각들을 적어라. 그러면 얼마 뒤에는 목표를 달성할 계획이 개발되었다는 걸 알게 될 것이다. 꿈과 목표를 글로 적는 것은 우리에게 필요한 두 가지 일을 하게 할 것이다. 첫째, 우리가 실제로 꿈을 가지고 있는지, 아니면 그저 희망 사항일 뿐인지 그 여부를 알게 될 것이다. 둘째, 우리는 그 꿈의 대가를 발견할 것이다. 예수님은 우리가 무언가를 확정하려면 먼저 시간,

노력, 돈과 같은 대가를 고려해야 한다고 말씀하셨다. 꿈을 키워가는 데는 항상 대가가 요구된다. 꿈을 이루는 데 필요한 대가와 희생은 우리가 지불하고 싶은 것보다 더 많을 수도 있다. 그래서 꿈을 버리거나 목표를 조정하기도 한다. 계속해서 꿈을 재점검하는 것이 매우 중요하다. 이것이 지속적인 집중력과 목표 달성을 위한 사고방식을 개발시켜 준다.

우리가 계획의 진도 상황을 측정할 수 있으려면 전체 계획 중에 특정한 목표들이 설정되어 있어야 한다. 목표가 없으면 꿈이 이룰 수 없는 것처럼 보일 것이다. 그러나 만일 우리에게 목표점이 확실한 좋은 계획이 있다면, 갈 길이 너무 멀어 희망이 없어 보이고 관심을 잃게 하는 5년 내지 10년 단위의 장기 계획보다 오히려 단기 목표에 집중할 수 있다.

물론 우리는 우리의 계획을 축복하도록 하나님께 늘 구해야 한다. 만일 하나님의 축복이 어려울 것 같으면 아마도 계획은 바뀌어야 할 것이다. 우리의 계획이 하나님의 축복을 받을 수 없다면 그런 계획은 모래 위에 세운 계획이나 마찬가지가 될 것이다. 그렇게 되면 비록 우리가 그것들을 다 이룬다고 하더라도 기쁨이 아주 오래가지는 않을 것이다.

## ◇»———◆ 목표 달성을 위한 기초 ◆———«◇

▶ **토론**

○ 당신의 현재 목표 중 대부분이 자신을 위해 세운 것인가? 아니면 남에 의해 세워진 것인가?

○ 당신이 이루고 싶은 꿈이나 목표를 가장 최근에 기록해본 게 언제였는가?

▶ **등급 평가** (최고 10, 최저 1)

○ 당신은 삶 속에서 현재 이 원칙을 어느 정도 적용하고 있는가?

○ 현재의 등급을 더 높일 가치가 있다고 보는가?

▶ **깊이 생각해 보기**

아무런 목표가 없는 사람은 분명히 아무것도 이루지 못한다.

# 04

## 근면

부지런히 일하라. 그래야 리더가 된다.
게으르면 절대 성공하지 못한다.

잠언 12:24 TLB

'일'이라는 단어는 이미 거의 나쁜 의미가 되었다. 요즘 우리는 모든 일에서 인정받고 싶어 한다. 부지런히 일하는 사람이 되는 것은 한 인간에게서 발견될 가장 훌륭한 자질들 중 하나다. 그것이 우리의 삶과 지역사회 그리고 국가에 성공을 안겨다 준다. 부지런한 사람들은 항상 양적·질적 생산에 관심을 갖는다. 그들은 생산적이기 때문에 어떤 조직이나 회사에도 귀중한 사람이 된다. 잠언은 "부지런히 일하라. 그러면 리더가 된다"고 말씀한다.

그렇게 말씀하는 이유가 여기에 있다. 즉 부지런히 일하는 사람의 마음은 일을 성취하는 데 있다. 그들은 일하고 있는 중에도 끝맺

음이 필요한 다른 일을 파악하고 그 일도 함께 한다. 그들은 생산 지향적이기 때문에 창의적이 된다. 그들은 해야 할 일과 또 그 일을 더 잘, 더 빨리 끝낼 수 있는 방법들을 찾는다. 이렇게 함으로써 열심히 일하는 사람들에게 승진의 기회가 주어지고, 그들은 곧 지도자의 위치에 서게 될 것이다.

좋은 직업윤리는 나라를 크게 만들 수 있는 자질과 가치에 속하는데도 오늘날 세상에서 우리는 때때로 일을 완수하도록 서로 돕는 것조차 허용되지 않는다. 어떤 사람들은 "그건 우리 책임이 아니다"라고 말할 것이다. 그들은 적게 일하는데도 많은 걸 얻게 하겠다고 약속한다. 이제는 일을 안 하고도 더 많이 벌고 싶어 한다. 일하는 시간은 더 짧지만 더 많은 수익을 내고 더 긴 휴가 기간과 더 많은 휴가를 즐기고 싶어 한다. 적게 땀 흘리면서 더 많은 돈을 원한다. 정말 끔찍한 일이다. 이렇게 하면 곤경에 처하게 될 게 뻔하다. 우리가 가진 가장 위대한 자산 중 하나인 일에 대한 의욕을 이미 우리는 상실했다. 직장을 구하고 나서 할 일을 찾지 않는 이유가 무엇인가? 복지제도와 지원제도가 일부 사람들을 게으르고 의존적으로 만들어버렸다. 이런 지원제도들은 생계를 거기에 의존하기 위한 것이 아니라 단기간 동안 사람들을 돕기 위해 만들어진 것이다.

부지런히 일하는 사람이 됨으로써 얻게 될 세 가지 이점이 있다.

- **안정**: 우리는 정부의 프로그램을 의지하지 않고 하나님과 발전된 우리의 능력을 의지하게 되기 때문이다.
- **부**: 우리는 우리의 가치와 수익을 계속 늘려가기 때문이다.
- **행복**: 우리는 인생에서 이미 위치 확보와 성취 체험을 하고 있다는 걸 알고 있기 때문이다.

인생에는 한 가지 법칙이 있다. 작동하지 않는 것은 고쳐 쓰던지 아니면 버려진다. 이 법칙은 사람에게도 마찬가지다. 일하지 않으면 버림을 받거나 거부당한다.

예수님은 "소금이 만일 그 맛(혹은 가치)을 잃으면 아무 쓸 데가 없어 버려지고 거절당한다"고 말씀하셨다. 우리가 인정받기 위해서는 가치를 창출해내야 한다. 오늘날 세상에는 우리에게 큰 기회가 있다. 부지런히 일하는 사람이 돼라. 남들을 능가하는 사람이 돼라. 남들이 하지 않을 일을 하라. 그러면 당신은 리더가 될 뿐 아니라 희소의 가치를 지닌 꼭 필요한 사람이 될 것이다. 밝은 미래를 바란다면 부지런히 일하는 사람이 돼라.

## ◇»———◆ 목표 달성을 위한 기초 ◆———«◇

▶ **토론**

○ 당신은 직장에서 책임지기를 좋아하는가?

○ 당신은 임금을 버는가? 아니면 다른 무언가를 신뢰하는가? 그게 무엇인가?

○ 당신은 인생에서 무엇을 열심히 해야 한다고 생각하는가?

▶ **등급 평가** (최고 10, 최저 1)

○ 당신은 삶 속에서 현재 이 원칙을 어느 정도 적용하고 있는가?

○ 현재의 등급을 더 높일 가치가 있다고 보는가?

▶ **깊이 생각해 보기**

일은 하나님이 주신 기회이고 비록 직업이 아닐 때라도 항상 유용하다.

◆◆◆

# 05

## 생산성

빈 마구간은 깨끗하게 지켜지지만
그런 데서 얻을 수 있는 소득은 아무것도 없다.

잠언 14:4 TLB


'생산성'은 '생산적' 또는 '비옥한'이라는 말에서 유래되었다. 생산성은 활동의 결과다. '비옥하다'는 말은 '생산 또는 재생할 수 있는 능력이 있다'는 뜻이다. "좋은 땅이 비옥한 땅"이라는 말은 그 땅이 생산할 수 있는 능력을 지니고 있기 때문에 가치가 있다는 의미다. 그런 땅은 관리가 잘 되는 경우 관리활동으로 인해 수익을 내게 됨으로써 우리를 부유하게 할 수 있다. 깨끗한 채로 유지되는 텅 빈 마구간처럼 아무런 활동이 없으면 아무런 수익을 산출하지 못한다. 관리활동이 없는 땅은 우리를 부유하게 할 수 없다. 수익을 내게 하는 것은 활동이나 생산성이다. 땅이 생산력을 가지고 있듯이 하나님은

"내가 너희에게 재물을 창출할 능력을 주었다"고 말씀하셨다. 그는 우리에게 재물을 주신 것이 아니라 재물을 창출하거나 얻을 수 있는 능력을 주셨다. 재물을 얻게 하는 열쇠는 활동이나 생산성이다. 인간에게 주어진 첫째 명령은 "생육하고 번성하라(즉 생산하고 또 생산하라)"였다. 하나님은 만물을 창조하신 후 그것들을 인간에게 주어 관리하게 하셨다. 하나님이 창조하셨거나 우리에게 주신 것들의 결과는 우리들의 손에 달려있다.

한 은행가가 자신의 고객 중 한 사람인 농부를 방문한 적이 있다. 하얀 울타리와 손질이 잘된 건물, 꽃이 피어있고 잘 정돈된 잔디를 따라 차를 몰고 가면서 그는 그 아름다움에 감탄했다. 그는 농부에게 이렇게 말했다. "하나님이 당신에게 이 계곡에서 가장 아름다운 농장을 주셨군요." 농부는 자신의 밭을 바라보고 그 땅이 필요로 했던 수고와 노력을 생각하며 이렇게 대답했다. "네, 하나님이 그렇게 하셨지요. 하지만 하나님이 이 땅을 만드셨을 때 당신이 그걸 보았어야 했어요." 잠재력은 그 땅과 그 농부의 마음속에 있었다. 그러나 그 땅을 부유하게 만드는 데는 농부의 생산력이 필요했다.

남자든 여자든 우리 모두의 마음속에는 잠재적인 집이나 농장 또는 비즈니스가 있다. 그걸 만들고 관리하는 것은 우리에게 달려있다. 하나님은 우리에게 능력과 에너지를 주시고 필요한 자원도 공급해주셨다. 우리가 실패하는 것은 하나님의 잘못이 아니다. 실패는 대부분의 경우 생산성 부족 때문이다. 성공하고 싶다면 우리 각자에게 매우 중요한 다음의 세 가지 사항을 실행해야 한다.

- **생산적이 돼라:** 평생 자립하며 살라.
- **자신이 생산한 것을 관리하라:** 그걸 돌보며 지켜가라.
- **일을 효율적으로 하라:** 자신의 분량과 품성을 평가하라.

효율성의 열쇠는, 한 편으로는 근면성과 생산성을 관리하고, 또 다른 한 편으로는 통제와 책임의식으로 관리를 관리하는 것이다. 우리가 조직화되었다는 것만으로 뒤로 물러서서 만족해서는 안 된다. 생산성이 없는 조직은 실패한 조직과 같다. 대부분의 경우 생산은 '골칫덩이들을 관리하는 일'로 구성된다. 우리는 어느 정도의 혼잡함 속에서 아름다움을 찾아내야 한다. 혼잡은 누군가가 일하고 있다는 징표일 수 있다. 건축 작업은 톱밥과 먼지를 일으킨다. 깨끗한 마구간에는 말이 한 마리도 없다. 어느 정도의 무질서가 없이는 생산적일 수 없다.

많은 대기업이 엄연한 사실을 배우고 있다. 비생산적이고 조직화된 부서장들(깨끗한 마구간) 중 너무도 많은 사람들이 생산 활동은 하지 않으면서 자기들의 일할 시간의 대부분을 보조금 프로그램이나 즐기며 보내고 있다. 이래서 우리는 조직을 축소한다. 생산적인 것이 유행에 맞지 않아 보이고 때로는 조직화되지 않아 보일 수 있지만, 그래도 아직까지는 최상의 결론으로 작용한다. 말들이 마구간을 혼잡하게 하는 걸 하나님께 감사하라. 그들이 수익을 내게 하기 때문이다.

◇»————◆ 목표 달성을 위한 기초 ◆————«◇

▶ 토론

○ 당신이 생산적이어서 인생에서 자신의 위치를 지켜왔는가?

○ 당신은 자신을 생산자로 보는가? 아니면 소비자로 보는가?

○ 당신은 지나치게 조직적인 경향이 있는가? 아니면 생산적인 경향이 있는가?

▶ 등급 평가 (최고 10, 최저 1)

○ 당신은 삶 속에서 현재 이 원칙을 어느 정도 적용하고 있는가?

○ 현재의 등급을 더 높일 가치가 있다고 보는가?

▶ 깊이 생각해 보기

성공은 우리가 꿈을 실현하는 데 필요한 일과 사랑에 빠졌을 때 찾아온다.

————◆◆◆————

# 06

## 상식

모든 기업은 상식을 통해 강해진다.

잠언 24:3 TLB

상식은 더 이상 흔하지 않게 되었다. 그러나 만일 우리가 그 가치를 이해하고 그것을 우리 삶의 일부로 적용할 수 있다면 우리는 이미 많은 걸 배운 게 될 것이다. 삶은 원래 복잡하도록 계획되지 않았다. 우리가 혼란 속에서 평정심을 잃게 되는 것은 상식을 벗어나 있을 때만 그렇다. 상식은 확고한 논리나 실용적 추론 또는 간단한 방정식과 같다. 상식에서 얻어지는 최종 결과는 '실용적 지혜'다. 탕자는 돼지우리 속에서 돼지와 함께 먹으며 지낼 때까지 상식과는 멀리 떨어져 길을 잃고 있었다. 그는 결국 제 정신을 차리고(상식) 자기 집으로 되돌아가게 되었다. 때때로 우리는 실용적인 방법으로는 생각조차 할 수 없을 정도로 교육을 받는다. 상식은 문제를 추론하고 그것을 극복하기 위해 실용적이고 현명한 방법을 찾는 능력이다. 교육이 필연적으로 그런 능력을 제공하지 못할 수 있다. 우리는 반드시 교육은 받아야 하지만, 상식(실용적 추론)이 없는 교육은 그 가치의 대부분을 잃고 만다. 우리는 꿈과 목표를 늘 가지고 있어야 하지만, 또한 이것들을 늘 상식과 융합시켜야 한다. 그래야 우리의 꿈과 목표가 실현될 수 있다. 그렇지 않으면 그것들은 여전히 꿈으로만 남아있게 될 것이다.

상식은 우리에게 친숙한 영역이나 흔한 일들을 말한다. 그러므로 상식은 사람에 따라 다를 수 있다. 우리는 수차례에 걸쳐 일정한 방법으로 일하는 법을 배운다. 이런 방법은 누군가가 그 일을 하는 데 있어 더 간단하고 더 나은 방법을 찾기까지는 우리에게 평범한 일로 여겨진다. 그런데 상식은 "우리가 방식을 바꾸자"고 가르친다. 마찬가지로 한 나라의 문화가 뇌물과 거짓 그리고 부정행위를 용인하는 경우가 있다. 하지만 상식은 그런 일을 해서는 안 된다고 말한다. 그런 일은 도덕적으로 잘못된 것으로써 우리 사회뿐만 아니라 우리 개인에게도 해가 되기 때문이다. 또 상식은 우리에게 습관이나 전통이 되어 우리의 개인적인 성장을 억제하고 전통에 얽매이게 할 수 있다. 우리가 진실이나 상식을 따르길 거부하기 때문에 때때로 우리의 종교적 신앙은 발전이 저해될 것이다.

'상식'의 반대어는 '어리석음'이나 '우둔함'이다. 누군가가 현실과 동떨어졌다는 의미로 "내가 어리석었어"라고 말하는 걸 얼마나 많이 들어 보았는가? 우리가 옳다고 생각되는 것을 따르면 그것은 대개 상식에 해당된다. 왜냐하면 잠언에 "상식을 멀리하고 배를 조정하는 사람은 결국 죽음을 맞이할 것"잠 21:16 TLB이라고 말씀하기 때문이다. 우리의 계획이 융통성 없이 경직되게 세워져서 일반적으로 상식을 사용하도록 권면하는 마음의 소리를 듣는 걸 우리가 잊어버릴 수 있다. 우리의 마음이 흥분하거나 들떠서 우리 자신은 물론이고 현실과도 동떨어진 어리석은 짓을 우리가 할 수 있다는 걸 기억해두어야 한다. 하나님은 우리에게 추론의 능력을 주셨지만 이를 상식과 연결시켜야 함을 상기시켜 주신다. 상식의 미덕이 없는 계획은 자비가 없는 법이나 재기 불능 또는 용서가 없는 삶과도 같다. 어떤 가족이나 비즈니스 또는 국가라도 자신들이 계획한 전략의 일부로써 이런 미덕이 없이는 결코 생존할 수 없다. 우리가 잘나가고 있을 때 상식은 우리에게 변화나 조정을 제안한다. 이러는 것은 우리의 계획을 하나님의 계획과 균형을 맞춰 우리가 실패하지 않도록 막아주려는 하나님의 방법이다.

상식은 우리에게 다음의 것들을 제공할 것이다.

- 실용적인 마음과 좋은 논리
- 열린 마음

우리는 삶의 체험을 통해 사물을 계산하고 관찰한다. 이것이 우리 가운데서 상식(때때로 '육감'으로 불린다)을 만들어 낸다. 우리는 그런 감정에 민감해야 한다. 그런 감정이 항상 옳을 수는 없지만 우리가 익숙하지 않은 영역으로 진입하고 있다는 경고일 수도 있다. 그렇게 되면 우리는 믿음으로든 아니면 두려움으로든 이 영역 안에서 운영 하게 된다. 우리가 삶의 지뢰밭을 통과할 때, 우리에게 말하고 우리 를 보호하도록 상식에게 우리가 구해야 때가 바로 그런 순간에 처해 있을 때다.

## ◇≫──────◆ 목표 달성을 위한 기초 ◆──────≪◇

▶ 토론

○ 상식과 교육의 차이점은 무엇인가?

○ 당신이 상식을 적용했던 상황에 대한 이야기를 나누어 보라. 그 결과
가 어땠는가?

▶ 등급 평가 (최고 10, 최저 1)

○ 당신은 삶 속에서 현재 이 원칙을 어느 정도 적용하고 있는가?

○ 현재의 등급을 더 높일 가치가 있다고 보는가?

▶ 깊이 생각해 보기

우리는 모두 눈은 감고 입은 벌린 채 태어났다. 그런데 그걸 뒤집는 데
평생이 걸린다.

◆ ◆ ◆

# 07

## 방향

하나님이 우리의 발걸음을 인도하고 계시는데
왜 그 길 따라 일어나는 모든 일을 다 알려고 하는가?

잠언 20:24 TLB

방향은 주로 어디엔가 가고 싶은 사람들에게 필요하다. 우리는 모두 결국 어딘가에 도달하게 되는데 어떤 곳은 우연히, 또 다른 어떤 곳은 계획된 전략을 가지고 도달하게 된다. 그 길이 어떤 길이든지 우리는 스스로 자문해봐야 한다. 하나님이 우리의 발걸음을 인도하고 계신가? 아니면 우리가 스스로 정한 길로 가고 있는가? 또 하나님이 우리의 발걸음을 인도하고 계신다는 걸 우리는 어떻게 알 수 있는가? 우리는 먼저 자신에게 정직해야 하고, 또 마땅히 해야 할 것으로 생각되는 일을 해야 한다. 정직한 마음은 항상 진실을 찾고 이에 반응한다. 마음의 정직함이 우리의 양심이나 하나님과 동행하는 친구들을 통해 하나님이 우리에게 영향을 미칠 수 있는 환경을 만들어 낸다. 하나님이 우리의 발걸음을 인도하시도록 함으로써 얻을 수 있는 세 가지 유익이 있다.

- **긍정적 행보:** 하나님은 스스로 길이 되시기 때문에 그가 지시한 발걸음은 확실하다.
- **믿음의 행보:** 우리는 삶이 어떻게 마무리 될지 알기 때문에 구태여 모든 걸 다 알아야 할 필요가 없다.
- **기쁨의 행보:** 우리는 스스로 어디로 가고 또 무슨 일을 하고 있는지 알고 있다.

하나님이 우리의 길을 인도하신다는 걸 우리가 안다면 하나님과 동행하기가 쉬워진다. 하나님과의 동행은 하나님께 기쁨이 될 수 있는 일을 행할 때 찾아온다. 우리가 일마다 모든 걸 다 이해하지는 못하더라도 그래도 언제나 옳다고 여겨지는 일은 행해야 한다. 잘못된 행동은 우리의 믿음을 말살시키고 죄를 부른다. 죄는 우리의 비즈니스뿐만 아니라 우리의 삶도 파괴해버린다. 이는 우리가 방향을 잃고 자신을 불신하기 때문이다. 죄는 우리에게 문제를 회피하게 해 결국 자신을 부끄럽게 만들어버린다. 우리가 옳은 일을 행할 때 자신에게 좋은 감정을 갖게 되어 결국 하나님께로 향하게 된다. "의인은 사자처럼 용감하기" 때문에 우리는 자유롭고 부끄러울 것이 없어 우리가 맞닥뜨릴 수도 있는 사람들을 두려워하지 않는다. 우리가 하는 일이 다 잘된다고 할 수는 없지만 옳은 일을 하고 하나님이 지시한 발걸음을 따라가면 결국 승리하게 되리라는 걸 우리는 알고 있다. 또 우리는 승리하리라는 걸 알고 있기 때문에 낙심하지 않는다. 우리가 계속 하나님과 동행하고 믿음을 지키며 옳은 일을 힘써 행하면 결국 목표를 달성하게 될 것이다.

우리가 알지도 못하고 확실한 과거 기록도 전혀 없는 누군가가 우리를 인도하겠다고 할 때 그걸 받아들이기는 힘든 일이다. 그러나 우리가 하나님과 그의 방법을 많이 배우면 배울수록 우리는 그의 인도함을 더욱더 신뢰하게 될 것이다. 그 이유는 하나님께는 그가 사람들을 인도하고 삶의 경기에서 승리한 영웅들을 배출했던 역사적 기록이 있기 때문이다. '상황이 원래 왜 그런지' 그 이유를 알려고 하는 것은 언제나 중요하다. 또한 우리가 하나님을 계속적으로 신뢰해야 할 때가 있다. 비록 우리가 모든 것을 다 알지는 못한다고 하더라도 얼마간은 믿음으로 행할 수 있다.

움직이는 물건만이 조절장치가 필요하다. 하나님이 우리를 인도하고 계신다는 사실을 믿지 않으면 우리의 행동과 의도를 재평가할 필요가 있다. 그 이유는 믿음과 신뢰는 진리가 우리의 마음속에 하시는 말씀을 듣는 가운데 찾아오기 때문이다. 만일 우리의 마음이 우리를 책망한다면 이는 우리가 하지 말아야 할 무언가를 하고 있음을 우리가 알고 있기 때문이다. 하나님이 우리의 마음속에 말씀하실 때 우리는 그걸 따라야 한다. 그것이 우리에 대한 하나님의 신뢰의 척도를 결정해준다. 하나님이 우리의 발걸음을 인도하시게 하면 그는 생명과 자유 그리고 번영처럼 우리에게 좋은 것들을 많이 예비해주신다.

당신에게 옳다고 여겨지는 일을 1주일 동안 실행해보라. 그러면 주님이 당신의 발걸음을 인도하신다는 걸 얼마나 많이 느끼게 되는지 거기에 놀라게 되고, 또 모든 것을 다 알아야겠다는 주장을 더 이상 하지 않게 될 것이다. 이는 주님이 선한 사람의 발걸음을 인도하시기 때문이다! 하나님의 인도함을 받아들이지 않는 것은 마치 우리가 하나님보다 더 똑똑하다고 말하는 것과도 같다. 어리석은 사람만이 "하나님이 없다"고 말한다.

◇»———◆ **목표 달성을 위한 기초** ◆———«◇

▶ **토론**

○ 주님이 당신의 발걸음을 인도하고 계신다고 여겨지는 상황을 설명해
  보라.

○ 당신에게 증거가 없는 믿음의 시절이 있었는가?

▶ **등급 평가** (최고 10, 최저 1)

○ 당신은 삶 속에서 현재 이 원칙을 어느 정도 적용하고 있는가?

○ 현재의 등급을 더 높일 가치가 있다고 보는가?

▶ **깊이 생각해 보기**

나쁜 선생에게 지도를 받아서는 훌륭해질 수 없다.

◆◆◆

# 08

## 계획

모든 기업은
지혜로운 계획에 의해 세워진다.

잠언 24:3 TLB

인생의 계획을 세워야 할지 말아야 할지에 대해 서로 다른 의견들이 있다. "내일 일을 아무 염려하지 말라"는 성경 말씀을 인용하는 사람들도 있는데, 그들은 이 말씀을 아무런 계획도 하지 말라는 뜻으로 믿는 사람들이다. 이런 믿음이 많은 신자들 사이에서 지켜지고 있다. 물론 그렇지 않은 사람들도 있다. 이 말씀을 하신 예수님 자신이 목표를 가지고 정해진 때에 하나님이 설계하고 계획하신 사명에 따라 이 세상에 오셨다는 걸 깊이 생각해보아야 한다. 이런 생각이 우리도 삶을 계획해야 한다는 걸 믿도록 이끌어준다. 나의 개인적인 믿음은 이렇다. 우리는 마치 내일 죽을 수도 있다는 생각으로 살아야 하지만, 그래도 마치 백 세까지 살 수도 있다는 생각으로 삶을 계획해야 한다. 미래에 대한 비전과 그것을 어떻게 실현할 것인지에 대한 계획이 없는 일들은 거의 성취되지 않는다. 우리 삶의 90%는 우리가 좋은 계획을 가지고 마음에 그렸던 그대로 이루어질 수 있다. 계획이 없는 상태에서 어려운 상황이 닥쳐오면 그냥 그대로 반응할 수밖에 없다. 우리는 삶의 계획을 가지고 있어야 한다. 그렇지 않으면 누군가 다른 사람의 계획에 종속되고 말 것이다.

지혜로운 계획은 삶의 모든 면에서 나타나는 많은 문제들로부터 우리를 구해내고 삶을 더 질서 있고 의미 있게 만들 것이다. 우리의 계획이 성공하려면 다음 세 가지 요소가 포함되어야 한다.

- **우리는 비전을 가지고 있어야 한다.**
- **비전 중에는 우리의 사명에 대한 분명한 설명이 있어야 한다.**
- **우리는 비전 달성 계획에 대한 전략을 가지고 있어야 한다.**

사람이 행복해지려면 비전이 있어야 한다. 이것이 우리의 사명과 목적이 된다. 그런데 우리의 사명은 특정한 목표를 가진 계획을 요구하게 될 것이다.

인생에서 가장 중요한 부분 중 하나는 성취 체험이다. 모든 좋은 계획에는 시간 분배와 달성 일정이 포함된 장·단기 목표가 있다. 이런 방법으로 일의 진행 과정을 평가할 수 있다. 이것이 우리가 지켜야 할 책임과 규칙을 갖춘 '게임의 계획'이 되고, 그 계획은 '게임의 룰'이 된다. 바스켓이 없는 농구 경기나 베이스가 없는 야구 경기를 한번 상상해보라. 우리가 지금 이기고 있는지 아니면 지고 있는지 전혀 판단할 수 없고, 또 우리가 잘하고 있는지 아니면 형편없이 하고 있는지 전혀 알 수가 없다. 게임의 계획과 목표가 없으면 진행 상황을 평가할 방법도 없다. 우리가 여행을 떠나야 할 장소와 경비에 대해 지혜롭고 현실적인 계획이 없이 휴가를 즐긴다는 것은 어려운 일이다. 계획은 흥분을 일으키게 한다. 여행 계획은 언제, 어떻게 목적지에 도착할지 또 그곳에 있는 동안 무슨 일들을 해야 할지 이 모든 걸 보여준다. 우리의 삶 전체가 반드시 지혜롭게 계획되어야 한다. 그러면 삶이 흥미로워진다.

우리가 성공하고 하나님의 축복을 받으려면 우리의 계획은 다음 네 가지 관심사를 갖춰야 한다.

• 그 계획은 성취 가능한가?
• 그 계획은 성취된 후에도 지속 가능한가?

- 그 계획은 우리 가족과 친구들에게 어떤 영향을 미칠 것인가?
- 최종적으로 나는 어떤 사람이 될 것인가?

우리의 계획이 모두 다 잘될 수는 없겠지만 적어도 우리는 계획에 따라 평가한 후 지혜롭게 재조정할 수는 있다. 하나님은 우리 스스로 삶을 계획하길 원하신다. 우리가 하나님을 찾고 그의 인도함을 구하면 그는 우리의 계획을 축복하실 것이다. 그렇게 하는 것이 지혜로운 계획을 세우는 것이 된다. 우리가 좋은 성품을 갖추려는 과정에 있을 때 우리가 그런 성품을 만들어 낼 일련의 가치들을 밑거름 삼고 있는지(삶을 계획하고 있는지) 반드시 확인해야 한다. 그렇지 않으면 우리는 성공한 사람이라기보다 오히려 실패한 사람이 될 수 있다.

▶ **토론**

○ 당신은 어떤 사람이 되고 싶은가?

○ 당신이 바라는 모습의 사람이 되기 위해 어떤 계획을 세우는가?

○ 당신의 목표와 계획이 서로 연관되어 있는가?


▶ **등급 평가** (최고 10, 최저 1)

○ 당신은 삶 속에서 현재 이 원칙을 어느 정도 적용하고 있는가?

○ 현재의 등급을 더 높일 가치가 있다고 보는가?


▶ **깊이 생각해 보기**

어떤 길을 이용해 여행하더라도 목적지에는 도달할 수 있다. 하지만 가려는 곳이 어딘지 안다면 어떤 길을 택해야 할지 반드시 계획을 세워야 한다.

# 09

## 사실

모든 기업은 사실에 근거함으로써
놀랄 정도의 수익을 낸다.

잠언 24:3-4 TLB

"나에게 그런 사실이 있다." 이 얼마나 강력한 진술인가! 사실은 실제 상황, 즉 현실을 그대로 나타내 보이기 때문에 무시되어서는 안 된다. 우리는 모두 보고가 정직한 보고라면 신뢰해야 한다. 우리가 최소한 몇몇 사실 조차도 알지 못한다면 효과적인 계획을 세우거나 적절한 역할을 할 수 없다. 우리의 하늘 아버지 이외에는 아무도 모든 사실을 알지 못한다. 어느 누구라도 모든 사실을 다 알고 나서 가정을 이루거나 비즈니스 또는 조직을 시작하지는 않았다. 계획을 너무 많이 세우기 전에 가능한 많은 사실을 확보하는 것이 중요하다. 계획을 세우는 데 지나치게 많은 가정을 설정하면 그게 실패의 원인이 될 수 있다. 충분한 사실을 수집한 후 몇 가지 사안들의 가정을 설정해야 한다. 그러나 우리는 더 많은 사실을 입수하게 될 거라는 걸 알기 때문에 필연적으로 계획을 조정할 준비가 되어 있어야 한다.

때때로 우리는 사실과 진실을 혼동한다. 비록 사실이 어느 정도 진실에 근거하고는 있지만 우리에게 사실이 있다고 해서 반드시 모든 진실이 있다는 것은 아니다. 그래서 누군가가 사실을 제시할 때 조심할 필요가 있다. 이런 사실이 모든 진실이나 전체 그림을 보여주지 않을 수 있기 때문이다. 때때로 영업사원들은 우리를 상품의 몇몇 사실에만 집중하게 한다. 그렇게 되면 나중에 제품 전체의 가치에 불만을 나타내게 된다. 어떤 사실은 우리를 속이는 데 이용될 수 있다. 진실은 확실한 사실이라기보다 모든 사실의 집합이다. 그러나 사실이 우리를 진실로 이끄는 역할을 하기 때문에 사실이 절대 무시되어서는 안 된다.

잠언은 사실에 근거하는 것이 비즈니스를 키우는 방법이라고 말씀한다. 사실이 '놀랄 정도의 수익'을 낼 수 있도록 우리를 도울 것이다. 그러므로 '주간사실기록부'는 비즈니스에 매우 중요하다. 여기에 기록된 사실 내역에는 판매량, 인건비, 생산효율 등 그 주간에 일어난 일들이 요약되어 있어야 한다. 모든 비즈니스 또는 가정마다 자기들이 일을 잘하고 있는지 아니면 잘못하고 있는지 또 어느 정도 성과를 내고 있는지 이런 사안들을 매주마다 파악하고 있어야 한다. 나쁜 얘기도 더 잘되기 위한 변화의 기회를 줄 수 있기 때문에 나쁜 얘기라도 좋은 얘기로 바뀔 수 있다. 이런 사실들은 좋든 나쁘든 맞서서 변화를 이끌어 내거나 상황을 파악해 조정할 수 있도록 매일같이 우리 눈에 띄게 해야 한다. 사실을 모른다면 우리는 낙오되고 너무 뒤늦어 회복하지 못할 지경이 되었는데도 그걸 모르고 있을 수 있다.

지금 세계와 세계 경제는 변하고 있다. 이런 사실을 무시하고 조정을 거부하면 재앙을 부르게 된다. 소련은 사실을 무시한 까닭에 나라가 붕괴되었다. 다른 나라들도 사실을 무시하고 있다. 막중한 국가 부채와 잘못 관리된 경제 그리고 도덕적 퇴행은 처벌을 받지 않고는 무시할 수 없는 사실들이다. 이런 나라들 중 몇몇 나라는 이미 30년 전에 이런 사실들을 직시했어야 했다. 실패는 하루아침에 일어나지 않는다. 실패는 오랜 시간을 거쳐 사실을 무시한 데서 온다.

우리에게 항상 재앙을 일으키게 하는 세 가지 요소가 있다.

- 무시(무지)
- 사실을 주시하지 않음
- 변화를 거부하는 완강한 마음

당신이 사실을 직시하고 있는지 확인해보라. 사실은 당신을 해롭게 하려는 게 아니라 당신을 도우려고 그곳에 있다. "내 마음은 이미 정해졌으니 그런 사실로 나를 혼란스럽게 하지 말라"고 말하는 사람처럼 되지 말라.

◇》─────◆ **목표 달성을 위한 기초** ◆─────《◇

▶ **토론**

　○ 당신은 주간 생산성 가치를 어떻게 평가하는가?

　○ 우리는 왜 사실을 무시하거나 회피하고 싶어 하는가?

　○ 당신은 전체 진실이 아닌 확실한 사실 때문에 속은 적이 있는가?


▶ **등급 평가** (최고 10, 최저 1)

　○ 당신은 삶 속에서 현재 이 원칙을 어느 정도 적용하고 있는가?

　○ 현재의 등급을 더 높일 가치가 있다고 보는가?


▶ **깊이 생각해 보기**

사실은 무시당한다고 해서 사라지는 것이 아니다.


───────◆ ◆ ◆───────

# 10

## 책임

충실한 직원은 무더운 여름철의
시원한 날처럼 상쾌하다.

잠언 25:13 TLB

충실한 직원은 책임지는 사람이다. '책임지다'는 '신용 또는 신뢰하다'의 의미를 갖는다. 솔로몬이 이런 유의 사람을 "무더운 여름철의 시원한 날처럼 상쾌하다"고 비유한 것은 당연하다. 책임을 지는 사람은 신뢰할 수 있는 사람이다. 이런 류의 사람들은 찾아보기가 힘들긴 하지만, 그래도 찾게 되면 그들은 보통 사람들과는 다른 동기를 가지고 있다는 데에 주목하게 된다. 그들은 스스로 책임을 지는, 자신의 인격으로부터 샘솟아나는 두 가지 동기 요소를 가지고 있다.

첫 번째 동기는 '책임감 때문에'다. 그런 동기는 고귀한 성품을 지닌 사람들이 책임감 때문에 순수하게 동기부여가 되게 한다. 그들은 신뢰 받고 싶어 하기 때문에 기꺼이 자신을 증명해 보이려고 여러 문제에서 중심인물로 나선다. 그들은 번번이 이런 일에서 아무런 이득을 얻지 못할 뿐 아니라 심지어 그것이 그들의 평판을 위태롭게 하는 경우도 있다. 이런 사람들은 개인적인 이득의 손실이나 감소에도 불구하고 자기들의 목적을 위하여 싸울 확실한 윤리와 원칙에 이끌려 살아간다. 이런 일은 순수한 동기에서 유발한다. 예를 들어, 낙태는 우리든 우리 가족에게 아무런 영향을 미치지 않는 문제일 수 있지만, 우리는 그것에 대항해 싸우고 아무런 사적인 혜택도 없이 우리의 우정이나 평판을 기꺼이 위태로운 처지에 놓이게 할 수도 있다. 이런 일은 인격 윤리가 되어 사람들이 원칙에 이끌리고 있음을 의미한다. 이런 사람들은 개성이 확고하다. 그들에게는 삶의 확고한 취향이 있다. 그런 사람들을 "용기 있는 사람들"이라고 부르는데, 그럴만한 가치를 지닌 사람들이란 의미다. 그들은 우리의 사업체나 정치권 어디에든 관여할 수 있다. 그들은 책임감이 있어 신뢰할 수 있으며 자신의 평판에 대한 위험을 기꺼이 감수한다. 그들은 강하다는데에 자부심을 가지고 있으며, 남들과 다르다는 데에는 신경도 안쓴다. 그들은 자신들의 정체성과 사명감에 관심을 집중하는 예언자

114

적 성품을 지니고 있다. 그들은 남들을 성실하게 섬기고 자신들만의 명성과 전설을 만들어가는 세계에 살고 있다.

두 번째 동기는 '성취감'이다. 이것 또한 고귀한 성품을 지닌 동기인데, 다시 말하지만 이런 사람들이 얻게 될 특별한 혜택은 없다. 예를 들어, 어떤 사람이 오랫동안 백만장자여서 자기에게 필요한 모든 걸 다 가지고 있다면 그는 여생을 낚시나 여행을 즐기며 보낼 수 있다. 그런데 그는 그렇게 하지 않고 매일같이 비즈니스를 하며 일을 계속한다. 심지어 새로운 일을 모험하며 계속 추진해 간다. 어떤 사람들은 그가 욕심이 많다고 말할 것이다. 그럴지도 모르지만, 그는 오직 책임지길 좋아하고 성취자가 되고 싶어 한다. 이 사람은 오직 남들이 이룰 수 없다고 말하는 일을 이루기 위해 그 일을 하는지도 모른다.

책임감은 약속 그 이상이다. 책임감은 진정한 소명이거나 인간에게서 탄생된 가치 기준의 신앙이다. 그것은 하나의 욕망이거나 자신에게 책임을 지우는 내재적 힘이다. 그런 사람들은 일을 성취시키거나 일이 성취되고 있는 걸 바라보는 즐거움을 위해 일한다. 이것이 그들을 '참된 종'이 되게 한다. 예수님은 참된 종이셨다. 그는 자신을 위해 얻을 것이라곤 아무것도 없었다. 그는 자신의 이름을 세우기 위해 자신의 평판을 포기하신 분이시다. 그는 우리의 신뢰를 얻기 위해 굴욕과 거부를 당하셨다. 그는 정말 순수하게 내면으로부터 동기부여가 되었다. 그는 우리의 '과거의 모습'을 보시고 '미래의 모습'으로 바뀔 기회가 우리에게 있다는 걸 확인시켜 줄 책임을 지셨다. 그 일이 그에게 무언가 대가를 치르게 하지만 그는 인류 역사상, 또 앞으로 다가올 세상에서 이미 가장 위대한 이름을 얻으셨다. 그는 진정으로 내면으로부터 동기부여가 되었다. 하나님은 예수님이 책임을 지고 신뢰 받을 수 있다는 걸 알고 계셨기 때문에 그에게 사명을 주어 이 땅에 보내셨다. 예수님은 추수하는 날에 얼음냉수 같았고, 아직도 그렇다. 우리도 책임을 질 때 비로소 택함을 받고 사명에 따라 보내질 것이다.

▶ 토론

○ 당신은 스스로 책임지는 사람이라고 생각하는가? 만일 그렇다면, 왜 그런가?

○ 현재 지고 있는 여러 책임 중에서 당신이 진정으로 하나님으로부터 소명을 받았다고 느껴지는 책임은 어떤 책임인가?

▶ 등급 평가 (최고 10, 최저 1)

○ 당신은 삶 속에서 현재 이 원칙을 어느 정도 적용하고 있는가?

○ 현재의 등급을 더 높일 가치가 있다고 보는가?

▶ 깊이 생각해 보기

변화를 일으키는 사람들은 자격을 갖춘 사람들이 아니라 책임감이 있는 사람들이다.

# PART 3

# 관리의
# 원칙

*Management Principle*

# 01

## 소유

부자가 가난한 사람을 지배하듯이
채무자는 채권자의 종이 된다.

잠언 22:7 TLB

"나는 내 소유의 사업체를 가진 사장이 되고 싶다"는 말을 우리가 얼마나 많이 들어보았는가? 이런 말이 좋게 들리긴 하겠지만 사람들이 사업에 뛰어들어 성공하길 바란다면 오직 자기가 실질적인 사장이 아니라는 걸 발견하게 된다. 비즈니스에서 성공하기 위하여 상대해야 할 사장이 넷이 있다.

- **정부:** 정부는 비즈니스를 규제하고 누가 과연 사장인지 알게 할 것이다. 당신이 일을 열심히 잘하고 있다면 정부는 더 부지런히 일하는 당신을 지켜보고 있다가 제약을 가할 것이다. 정부가 늘 옳은 건 아니지만, 그래

도 정부는 당신을 규제하기 위해 항상 제자리를 지키고 있을 것이다.

- **고객:** 그들은 당신이 성공하려면 무슨 일을 해야 하고, 그들을 어떻게 섬겨야 할지 지시하고, 또 당신이 미소를 지으며 할 일을 제대로 하는지 확인시켜 줄 것이다.

- **은행 또는 대부업자:** 채무자는 채권자의 종이기 때문에 당신은 그들에게 솔직하고 친절해야 할 것이다. 그렇지 않으면 그들은 당신의 신용을 중단시킬 것이다. 갚을 걸 갚지 않으면 그들은 무자비해질 것이다.

- **직원:** 그들이 당신의 성공이나 실패의 척도를 결정한다. 그들은 노예가 아니기 때문에 그들을 바르게 대해야 한다. 그렇지 않으면 당신은 그들을 잃게 될 것이다.

사업체를 갖고 있다고 해서 반드시 자신이 사장이 되는 건 아니다. 비즈니스란 사람들을 섬기며 그들의 요구를 충족시키는 일이기 때문이다. 소유는 우리가 그 대가를 지불한다면 좋은 점이 많다. 우리가 소유하고 싶은 데는 여러 가지 이유가 있다. 예를 들어, 소유는 천부적인 욕구일 수 있다. 이는 하나님이 "내가 네(인류)게 모든 것을 다스릴 권한을 주었으니 생육(개발)하고 번성하여 땅에 충만하라, 땅을 정복(지배)하라"창1:28고 말씀하셨기 때문이다. 우리는 지배하고 정복하려는 본능을 갖도록 만들어졌다. 우리는 땅을 위해 지어졌다.

그것은 마치 하나님이 비즈니스를 창출해서 그것을 인간에게 관리하도록 맡긴 것과도 같다. 하나님은 자신이 개발하는 많은 일의 소유권을 인간에게 넘겨줌으로써 일을 잘 관리할 수 있는 인센티브를 그가 얻게 된 것이다. 우리는 하나님의 형상과 모양대로 지어졌기 때문에 우리의 스타일은 그를 꼭 닮아있다. 우리는 사람들을 채용하고 그들과 경쟁도 해야 하기 때문에 비즈니스란 언제나 쉽지 않다. 이래서 비즈니스는 갈등과 좌절의 원인이 된다. 그렇기 때문에 우리는 서로를 섬기며 자신과 비즈니스를 위한 무대와 관할구역을 설정하는 것이 중요하다. 우리는 동료들을 항상 배려해야 한다. 그들도 지배하고 싶어 하기 때문이다.

신실한 기업가들은 소유에 따르는 책임을 기쁘게 여기며 감당한다. 그들은 그걸 좋아하고 만족해하며 일을 즐긴다. 목사들이 목회에 부름을 받듯이 그들은 하나님에게 비즈니스에 부름 받은 사람들이다. 그들은 지칠 줄 모르고 에너지가 충만하며 생산적인 태도를 지니고 있다. 그들은 문제를 겁내지 않고 위험을 감수한다. 그들은 자신들에게 재능을 주신 하나님을 자신의 파트너로 여기고 하나님이 그들에게 주신 달란트의 가치를 높이려고 애를 쓴다. 마 25:15

이렇게 함으로써 소유가 실천된다. 노동의 최종 결과는 부富이다. 기업가들은 관리(지배)하기 위하여 지혜를 선택했던 솔로몬과 같다. 솔로몬은 지혜로운 사람이었기에 부와 영광과 명예를 얻었다. 소유는 책임이 요구되는 일이다. 그런데 비즈니스 소유에 관한 이런 견해를 인정하지 않는 사람들이 많기 때문에 조심해야 한다. 그런 사람들은 탐욕적이고 남들에게 무자비하며 돈에 끌려 다니는 사람들이다. 그들은 자기들이 원하는 걸 갖기 위해 거짓말하고 속이고 도둑질한다. 우리가 정당한 이유로 비즈니스를 한다면 비즈니스는 매우 보람될 수 있다. 그런 것이 바로 하나님이 설계하신 비즈니스다.

◇》─────◆ **목표 달성을 위한 기초** ◆─────《◇

▶ **토론**

○ 삶은 소유하지 않고는 완성될 수 없다. 그 이유를 설명할 수 있겠는가?

○ 모든 사람은 무언가의 주인이다. 당신이 당신의 소유물을 평가하는 이유를 설명하라.

○ 소유권이 당신에게 주는 유익은 무엇인가?

▶ **등급 평가** (최고 10, 최저 1)

○ 당신은 삶 속에서 현재 이 원칙을 어느 정도 적용하고 있는가?

○ 현재의 등급을 더 높일 가치가 있다고 보는가?

▶ **깊이 생각해 보기**

부자와 가난한 자의 차이는 그들이 자신의 삶을 어떻게 관리하는지 그 방법의 차이에 있다.

◆ ◆ ◆

# 02

## 정직

거짓말은 누구라도 곤경에 처하게 하지만
정직은 그 자체가 방어다.

잠언 12:13 TLB

『웹스터 사전』은 '정직'을 '공정하고 진실하며 기만이 없는 상태'
로 정의한다. 기본적으로 정직이란 단어는 거짓말이나 사기 또는 도
둑질하지 않을 사람을 설명하는 데 사용된다. 여기에는 조작이나 속
이려는 의도가 있는 잘못된 진술이 포함된다. 그래서 잠언은 "입술
의 허물(거짓말)로 말미암아 그물에 걸리게 될 것"잠3:4-5이라고 말씀
한다. 인류의 첫 거짓말은 속이려는 의도를 가지고 말한 진실이었
다. 정직은 진실만이 아니라 그 진실의 의도가 있는 진실성을 말한
다. 그래서『웹스터 사전』은 또 '정직'을 '진정하고 솔직하며 개방적'
이라고 말하는데, 여기서 '개방적'이라 함은 '투명하다'는 의미다.

정직은 인격의 핵심 가치다. 정직은 영혼의 안정제이거나 관리자다. "정직은 그 자체가 방어다." 진실과 정직은 하나님과 분리될 수 없다. 정직은 진실 그 이상으로써 동기와 의도를 다룬다. 정직은 우리가 거짓말하기 전에 우리에게 진실을 제안하는 우리 내면의 음성이다. 나라의 건국자들이 헌법을 만들 때 그들은 정직이 이런 의미를 가지고 있음을 이해하고 있었다. '선서'는 "진실 곧 모든 진실만 말하고 진실 이외는 아무 말도 하지 않는다"는 뜻이다. 그들은 정직이란 진실 그 이상으로써 문제의 모든 진실을 의미하는 것으로 알고 있었다. 정직은 아마도 인간의 모든 가치 중 가장 큰 가치일 것이다. 정직은 우리에게 사적인 큰 혜택은 물론 심지어 지역사회와 국가적으로도 더 큰 보상을 안겨준다. 만일 모든 사람이 정직하다면 사회가 어떤 모습으로 될지 살펴보자.

- 문을 잠그거나 비즈니스 주변의 장벽이나 울타리가 필요 없을 것이다.
- 대부분의 범죄는 거짓말과 도둑질 그리고 사기 같은 데서 생기기 때문에 경찰력이 줄어들 것이다.
- 사기에 기인하지 않고 문제를 해결할 수 있기 때문에 이혼율이 감소될 것이다.
- 불법 마약이 없어지고 범죄는 거의 전례가 없게 될 것이다.

- 경비원들이 사라질 수 있다. "우리가 남에게 대접 받는 것처럼 남에게도 그렇게 하라"는 말씀을 실천하게 될 것이다.
- 우리가 하는 말의 대부분이 거래의 보증이 되기 때문에 많은 변호사들이 다른 직업을 구해야 할 것이다.
- 세금은 성경이 기준으로 삼는 10% 일률 과세로도 가능하다.
- 직원들이 자기 일을 정직하게 할 수 있게 돼 비즈니스는 관리를 덜 해도 운영될 수 있다.

개방 사회, 즉 자유에 관한 모든 걸 대변할 수 있는 그런 사회가 만들어 낼 또 다른 많은 혜택들이 있다. 그것이 정당한 삶의 형태가 될 것이다. 서로 다른 의견과 주장을 수용할 수 있는 여유가 생기게 될 것이고, 법은 무지하고 거만한 사람을 위해 제자리를 지키게 될 것이다. 법을 어기는 경우도 있겠지만, 그런 것들은 나쁜 의도나 사기로부터 기인되지 않을 것이다. 우리가 여전히 오해와 실수를 하더라도 의도적으로 하지는 않게 될 것이다. 우리는 최선을 다하고도 그 나머지 부분에 대한 책임을 지게 될 것이다.

정부가 악행과 부패에 개의하는 이유 중 일부분은 '죄를 관리'하는 것이 경제에 도움이 되기 때문이다. 그들에게는 범죄야말로 변호사와 법정, 자물쇠 수리공, 감시 시스템, 경비원과 관련된 일과 또 다른 수많은 일을 창출하는 요인이 된다고 여겨진다. 또 어떤 사람들에게는 이것이 범죄와 싸우기 위한 직업 창출과 세금을 올릴 기회가 된다. 약간의 부패는 항상 있기 마련이지만 너무 과하면 결국 경제를 제3세계 수준으로 떨어뜨려버리게 할 것이다.

우리가 달나라에 사람을 보내고 세계 대전에서 승리를 했는데도 부정을 멈추게 할 수 없다는 게 흥미롭지 않은가? 그 모두는 시작부터 정직에 귀착된다. 정직의 가치에 기초를 둔 사회교육에 세금을 지출하고 부정에 대해서는 신속하고 엄한 처벌을 가하는 법 집행을 착수했더라면 10%의 일률과세로도 감당할 수 있는 사회를 만들고 남는 돈으로 기반시설을 갖출 수도 있었다. "상하게 때리는 것이 악을 없이 하나니"잠 20:30라는 말씀을 깊이 생각해보아야 한다.

정직한 사회를 만들기 위해서는 먼저 집에서부터 시작해 아이들을 정직하고 법과 권위를 존중하도록 가르쳐야 한다. 그들 스스로 정직의 가치를 알고 체험해야 한다. 또한 우리는 아마도 "왕 앞에서 악한 자를 제하라 그리하면 그의 왕위가 의로 말미암아 견고히 서리라"잠 25:5는 말씀을 실천해야 할 것이다. 정직은 하나님께 속한 것이다. 그러므로 의롭고 공평한 사회를 건설하는 일은 바른 길이다.

◇»———◆ 목표 달성을 위한 기초 ◆———«◇

▶ 토론

o 정직한 사회의 8개 관점 중 당신에게 가장 관심이 끌리는 것은 무엇
   인가?

o 당신의 지역사회가 정직의 가치를 장려하도록 돕기 위해 개인적으로
   할 수 있는 일은 무엇인가?

▶ 등급 평가 (최고 10, 최저 1)

o 당신은 삶 속에서 현재 이 원칙을 어느 정도 적용하고 있는가?

o 현재의 등급을 더 높일 가치가 있다고 보는가?

▶ 깊이 생각해 보기

부패는 정직으로만 치료될 수 있는 치명적인 질병이다.

◆ ◆ ◆

# 03

# 겸손

자기의 실수를 시인하길 거부하는 사람은 절대로 성공할 수 없지만,
만일 자기의 실수를 고백하고 버리면 그는 또 다른 기회를 얻게 될 것이다.

잠언 28:13 TLB

겸손이란 지속적인 성장의 필요성에 대한 인식으로써 우리 자신을 마땅한 수준 그 이상으로 높여 생각하지 않고 남들이 우리의 성공에 기여한 헌신에 대해 합당한 존경심을 나타내는 것을 말한다. "제가 실수 했어요"나 "제가 틀렸어요"라고 말하며 자신을 낮추기란 늘 쉽지가 않다. 우리는 모두 바르게 되고 싶어 한다. 그러는 것이 우리를 기분 좋게 하고 인정받고 있다는 느낌을 갖게 하기 때문이다. 그러는 것이 우리의 자아와 자존심을 높여준다.

우리가 선하고 바르게 되길 바라는 만큼이나 우리는 모두 부족하고 실수를 범한다. 삶이란 일종의 학습 체험이기에 우리는 이런 어

려운 일들을 다루는 방법을 배워야 한다.

우리가 실수나 잘못된 행위를 인정하길 거부한다면 우리 스스로 삶의 성장과 발전을 멈추게 한다. 그러면 잠언 말씀처럼 우리는 "절대로 성공할 수 없다." 결점이나 실수를 다루는 데는 올바른 방법과 그릇된 방법이 있다. 우리의 사법제도는 "아무것도 인정하거나 말하지 말라. 그게 법정에서 불리하게 될 수 있기 때문이다"고 말하는데, 이런 말은 우리가 과실을 숨기며 더 나은 판단을 받아들이지 않고 죄책감을 가지고 살아가도록 장려한다. 이런 것이 우리에게 다음과 같은 미완의 일을 남기고 우리를 괴롭히게 될 것이다.

• **죄책감**: 죄책감은 우리들 자신조차 신뢰할 수 없을 정도로 우리의 양심을 멍들게 한다.
• **냉담**: 우리가 참된 것을 두려워하게 되기 때문에 방어적이며 보호적으로 된다.

하나님은 이런 방법의 삶을 설계하지 않으셨다. 하나님은 우리가 정직하고 행동에 책임을 지게 하셨다. 우리가 자신의 연약함을 인정하지 않거나 알지 못하면 치유도 용서도 받을 수 없다. 잘못된 행위를 다루는 온전한 방법은 잠언 말씀이 가르치는 대로 잘못을 인정하고 고백하고 버리는 것이다. 자신을 낮추고 잘못된 행위를 고백하지 않는 한 그걸 버리지 못할 것이다. 이것은 우리가 행동에 대한 책임을 인정해야 한다는 뜻이다.

우리의 사법제도는 "아무것도 인정하거나 입증하지 말라!"고 하는데, 이로써 무엇이든 입증될 수 없는 것은 피할 수 있다는 걸 믿도록 장려한다. 그렇게 하는 것은 복된 삶으로 이끄는 방법이 아니다. 복된 삶은 우리 스스로 항상 의롭거나 완전하지 않다는 걸 깨닫고 겸손을 실천하는 데서 온다. 우리는 항상 현실을 직시해야 한다. 우리가 잘못을 저질렀을 때 비록 그것이 입증될 수 없다고 하더라도 우리는 개인적인 죄책감을 갖고 책임을 져야 한다. 죄책감은 법에 의해 입증될 때뿐 아니라 마음에서 우러나온다. 교만한 사람은 진실을 외면한 채 자신을 기만하고 자만심에 빠져 위협적인 일에 앞장선다. 그러나 겸손한 사람은 남의 성공을 기뻐하며 그들을 인정하고 성공하도록 믿어준다. 진정으로 성공한 사람들은 자신이 얼마나 대단한지 자랑하기보다 항상 남을 믿어주는 사람들이다. 겸손과 이를 실천하는 데는 세 가지의 큰 유익이 있다.

- 개인적인 평온함을 갖게 될 것이다. 이는 우리가 숨길 것이 아무것도 없어 방어 모드를 취할 필요가 없기 때문이다.
- 타인과도 화평하게 지내게 될 것이다. 이는 우리가 자신에 대해 지나치게 과장된 의견을 갖기보다는 오히려 남의 좋은 성품을 구하고 인정하기 때문이다.
- 하나님과 남들에게 큰 은총을 얻게 될 것이다. 이는 우리가 투명하고 비판을 두려워하지 않기 때문이다. 우리는 언제 위반하거나 옹호해야 할지 그때를 알게 된다.

겸손은 한 인간에게 있는 가장 훌륭하고도 큰 자산 중 하나다. 그것을 소홀히 하면 자신의 가치를 떨어뜨리게 된다. 겸손은 기계 속에 들어 있는 기름과도 같다. 기름은 기계를 더 빨리 더 오래 작동시켜 작업을 완료시킨다. 또 소음 없이 잘 작동하게 한다. 나는 우리의 사법제도가 무고한 사람들을 보호하고 방어할 의도로 세워졌다고 확신하지만 그래도 조심해야만 한다. 그렇지 않으면 하나님의 더 높은 법을 무시한 채 우리의 사법제도를 정의의 기준으로 여기며 사용하게 될 것이다. 죄책감은 그 당사자가 스스로 낮추고 그걸 인정하며 고백하고 버리지 않는 한 그에게서 제거될 수 없다. 잠언 말씀에 따라 오직 더 높은 하나님의 겸손의 법만이 죄책감을 회복시키고 정의로운 사회나 가족 또는 비즈니스를 일으키게 될 것이다. 겸손을 애써 행하라. 그러면 큰 은총을 얻게 될 것이다.

## ◇»———◆ 목표 달성을 위한 기초 ◆———«◇

▶ **토론**

○ 실패를 인정할 때 당신은 어떤 두려움에 당면하게 되는가?

○ 남들에게 자신을 낮췄을 때 당신은 어떤 체험을 했는가?

○ 겸손을 실천하면 우리는 어떤 은총을 받게 되는가?

▶ **등급 평가** (최고 10, 최저 1)

○ 당신은 삶 속에서 현재 이 원칙을 어느 정도 적용하고 있는가?

○ 현재의 등급을 더 높일 가치가 있다고 보는가?

▶ **깊이 생각해 보기**

당신이 모든 일을 다 바르게 하면서 살아갈 수는 없는 일이지만, 그래도 겸손이 사람들에게 당신이 바르게 일을 한다는 생각을 갖게 할 것이다.

◆ ◆ ◆

# 04

## 관용

만일 당신이 가난한 사람들을 구제하면
당신에게 필요한 것들이 채워질 것이다!
하지만 가난을 향해 눈을 감는 자들에게는 저주가 임할 것이다.

잠언 28:27 TLB

『웹스터 사전』은 '관대하다'는 말을 '숭고한 대의가 있고 자애로우며 자발적이고 사심이 없다'는 뜻으로 설명한다. 관용은 참된 정신이나 태도를 말하며 일반적으로 사람의 인격의 일부를 나타낸다. 관용은 '씨 뿌리는 법'의 일부이기도 하다. 보통 우리는 관대한 사람 아니면 인색한 사람으로 알려진다. 관용은 자유주의적인 것 같지만 오히려 더 절제된 방식에 속한다. 관용은 구제하고 용서하는 것이다. 관용은 남이 당신을 배려해주길 바라듯이 남들을 배려하는 것이다. 관용은 십 리를 가자면 이십 리를 함께 가주는 것이다. 관대한 사람들은 돈뿐만 아니라 시간과 재능 그리고 자신을 드리는 태도를 가지고 있다. 그들은 항상 변화가 일어날 수 있는 비옥한 토양(준비된 사람)에 씨를 뿌릴 기회를 찾고 있다. 그들은 사람들의 '현재의 모습'보다 오히려 그들의 '미래의 모습'을 보기 때문에 보통 약자와 불행한 사람을 응원한다.

하나님이 축복할 수 없는 두 가지가 있다.

- **인색함**: 인색함은 미래를 위하여 씨 뿌리는 걸 방해한다.
- **게으름**: 게으름은 소유가 보존되는 걸 방해한다.

미국이 세계 다른 많은 나라들과 구별되는 것들 중 하나는 폭넓게 번영한 미국의 중산층이다. 국민의 대다수가 가난한 국가들 중에는 관용의 원칙을 번영의 기초나 초석으로 가르치거나 실천한 나라가 없다. 우리들 가운데서 실천되는 관용이 가난한 사람을 축복하고 발전시킬 것이다.

관대한 사람은 사람들에게 하루 분량의 양식으로 물고기 한 마리를 주는 것뿐만 아니라 그들에게 물고기 잡는 방법도 가르쳐줄 것이다. 그는 사람들의 현재뿐만 아니라 그들의 미래에도 관심을 갖는다. 가난한 사람들에게 음식만 나눠주게 되면 그 숫자가 점차 증가

하게 돼 애써 선한 일을 하다 마침내 파산하고 말 것이다. 인생에는 한 가지 법칙이 있다. 무엇이든지 양식이 공급되면 계속 성장한다는 것이다. 우리의 복지제도가 그 본보기가 되었다. 관대한 국가나 개인은 가난한 사람들에게 단지 음식만 제공하는 것이 아니라 교육훈련 프로그램을 가지고 삶에 대한 그들의 태도와 인식을 변화시키고 그들 스스로 자신의 상황을 극복할 수 있도록 그들에게 비전과 희망을 주게 될 것이다. "성령이 내게 임하시고 내게 기름을 부으셨으니 이는 마음이 상한 자를 치유하고 가난한 자에게 복음을 전하게 하시려는 것이다"눅 4:18라고 예수님이 말씀하셨는데, 이는 가난에 대한 대책과 해결 방법이 있음을 의미한다. 그 모든 일은 마음이 관대하여 가난한 사람들과 희망이 없는 사람들을 발전시키기 위하여 시간을 할애하는 사람들과 함께 시작된다. "만일 당신이 가난한 사람을 구제하면 당신에게 필요한 것들이 채워질 것이다!" 어떻게 이렇게 되는가? 가난한 사람들을 발전시키면 중산층이 늘어난다. 이렇게 되면 일자리가 창출되어 사람들은 자기가 지출할 소득을 얻게 될 것이다. 이것이 구매자를 만들어내고, 이런 상황이 반복되면 나라가 번성하게 되어 그 보답으로 우리에게 필요한 것들이 채워지게 될 것이다. 그 모든 것이 더 많은 생산자, 더 많은 생산품, 더 많은 구매자, 더 많은 소비자, 더 많은 일자리가 생겨나게 해 결국 가난한 사람의 수는 더 줄어들게 될 것이다. 비록 가난한 사람들은 언제나 있게 마련이지만 그들이 절대로 우리 사회의 감당할 수 없는 부분이 되어서는 안 된다.

돈이나 음식만으로 가난한 사람들을 구제하지 말라. 관대한 마음을 가진 사람이 돼라. 그들에게 가난을 이겨내는 데 도움이 될 꿈과 희망을 주어라. 또 그들에게 관리와 리더십 그리고 기술을 가르쳐 도움이 되게 하라. 인색한 사람들은 그들을 단지 소비자로 여기기보다는 오히려 미래의 경쟁자로 생각한다. 그들은 사적인 이익을 위해 자신들만을 위한 꿈을 가지고 있다. 우리가 가난한 사람들에게 눈을 감으면 그건 우리 자신의 저주가 된다. 너그러운 마음으로 가난한 사람들을 돕고 당신 자신의 축복을 받으라. 하나님의 방법은 역사한다.

## ◇»————◆ 목표 달성을 위한 기초 ◆————«◇

▶ 토론

○ 당신은 누군가에게 물고기 잡는 법을 가르치기 위해 어떤 기회를 가
  져보았는가?

○ 당신은 삶의 어떤 영역에서 게으름이나 인색함으로 힘겨워하는가?

○ 가난한 사람이 조언을 듣지 않으면 우리는 어떻게 해야 하는가?


▶ 등급 평가 (최고 10, 최저 1)

○ 당신은 삶 속에서 현재 이 원칙을 어느 정도 적용하고 있는가?

○ 현재의 등급을 더 높일 가치가 있다고 보는가?


▶ 깊이 생각해 보기

삶의 비극은 우리에게 가난한 사람들이 있어서가 아니라 우리가 그들
속에 있는 재능을 볼 수 없다는 데 있다.

# 05

# 믿음

자기의 돈을 신뢰하면 당신은 망한다!
하지만 하나님을 신뢰하면 나무처럼 번성한다.

잠언 11:28 TLB

미국 달러에는 '우리는 하나님을 신뢰한다In God We Trust'는 문구가 새겨져 있다. 우리가 그런다고? 아니, 미국 사람들의 선조들이 그랬다. 그들은 자기들이 주창하는 것에 목숨을 걸었다. 그들은 하나님과 성경을 신뢰하는 믿음의 가치를 알고 있었다. 성경은 법정 지침서가 되었고, 그들에게 믿음과 용기를 주었던 절대 원칙 중 하나였다. 성경은 헌법 구성과 번영한 사회를 만들어 낸 토대와 초석이었다. 그들은 돈이 마치 신이 될 수도 있음을 알았기 때문에 잊지 말아야 할 암시로써 이 문구를 돈에 새겨놓았다. 우리가 하나님과 그의 원칙에 충실하면 우리의 삶과 나라는 계속 번영할 것이다. 미국이 계속해서 번영해왔는가? 물론 그렇다. 그럼 아직도 번영하고 있는가? 그렇긴 하지만 불확실한 견지에서 그렇다. 왜 그런가? 우리가 하나님보다 돈을 더 신뢰하기 때문이다. 돈을 신뢰하는 것이 왜 우리를 망하게 하는가?

첫째, 하나님을 두려워하지 않는 마음은 그 내면을 통제하지 못해 자아가 강해지고 반항적으로 된다. 하나님을 두려워하지 않으면 사회는 독선적이 된다. 사람들은 자기들끼리 서로 비교하고 자신들의 행동을 정당화할 것이다. 그러면 하나님보다 오히려 돈이 자신을 평가하는 기준이 되고, 그것이 우리를 망하게 할 것이다. 소련이 그걸 시도하다 비참하게도 실패하고 말았다. 그리고 하나님의 법을 삶의 기준으로 삼기를 거부하는 어떤 나라도 그렇게 되고 말 것이다. 우리가 번영하길 바란다면 하나님을 믿고 신뢰하며, 돈을 단지 어떤 가치의 한 부산물과 교류를 위한 매개체 정도로 여겨야 한다.

둘째, 하나님에 대한 신뢰와 바른 윤리관, 가치가 정립되지 않으면 돈은 마치 구멍 난 주머니에서 빠져나가듯이 사라져버릴 것이다. 하나님의 통치법이 없으면 우리는 불균형하게 된다. 그래서 우리는 낭비가 심해지고 생산성에 대한 감각을 잃게 된다. 그렇게 되면 우리는 구멍 난 주머니를 수선하듯이 낭비를 없애기보다 오히려 세금을 올리고 싶어 할 것이다.

하나님을 신뢰한다는 것은 무슨 의미인가? 그것은 우리가 꿈을 향한 계획과 일을 멈춘다는 의미가 아니다. 하나님에 대한 신뢰가 우리를 게으르고 수동적이 되게 하는 것이 아니다. 그것은 하나님의 가치를 본받아 삶과 비즈니스를 만들어 갈 정도로 우리가 하나님을 의지하고 믿는다는 뜻이다. '신뢰한다'는 말은 '의지한다'거나 '확신한다'는 뜻이다. 신뢰는 누군가를 알고 체험하는 데서 다가온다. 우리는 그것을 돈 주고 사거나 강요할 수 없다. 신뢰는 노력하면 얻어진다. 우리가 하나님을 체험해 알게 될 때 그는 신실하고 전지하며 정직하고 신뢰할 수 있는 분임을 발견하게 될 것이다. 그를 믿고 그의 법과 가치를 본받아 우리의 삶을 만들어 가면 그것이 우리에게 복된 삶을 안겨주게 된다.

돈을 신뢰할 때 돈은 덧없이 사라질 것이다. 하나님의 법은 확실하기 때문에 신뢰할 수 있다. 하나님의 법은 영원하다. 하나님의 법보다 천지가 먼저 없어질 것이다. 하나님에 대한 신뢰가 우리를 번영의 규칙에 따라 살게 하지만, 돈에 대한 신뢰는 우리를 탐욕스럽고 균형을 잃게 함으로써 우리의 인성을 파괴해버린다.

하나님에 대한 신뢰를 평가할 수 있는 세 가지 방법이 있다.

- 일이 잘못될 때 당신은 그 근원을 어디에 두는가?
- 당신은 하나님의 원칙들을 공부하는 데 얼마나 많은 노력을 기울였는가?
- 수입을 얻기 위해 무엇이 당신에게 거짓말이나 도둑질을 하게 하는가?

## ◇»————◆ 목표 달성을 위한 기초 ◆————«◇

▶ **토론**

○ 하나님에 대한 신뢰가 개인적으로 당신에게 의미하는 바가 무엇인가?

○ 당신이 하나님의 방법을 신뢰하는 데 방해가 되는 것은 무엇인가?

○ 돈이 아니라 하나님을 신뢰한다는 걸 보여주기 위해 당신이 최근에 내린 결정은 무엇인가?

▶ **등급 평가** (최고 10, 최저 1)

○ 당신은 삶 속에서 현재 이 원칙을 어느 정도 적용하고 있는가?

○ 현재의 등급을 더 높일 가치가 있다고 보는가?

▶ **깊이 생각해 보기**

우리의 문제는, 하나님이 무슨 일이든 하실 수 있다는 걸 안다고 해서 그가 모든 일을 다 해주길 바라는 데 있다.

◆ ◆ ◆

# 06

## 절약

지혜로운 사람은 미래를 위해 절약하지만
어리석은 사람은 자기가 가진 것이 무엇이든 다 써버린다.

잠언 21:20 TLB

　　예전에는 '한 푼을 아끼는 것이 한 푼을 버는 것이다'라는 개념 때문에 낭비하는 사람으로 알려지는 것은 어리석은 일이었다. 사람들은 돈이 있을 때라야 비로소 물건을 구입했다. 그들은 자기들이 바라던 걸 구입하기 위해 절약을 했고 자식들을 위해 무언가를 남겼다는 확신을 가졌다. 한 개인의 인격은 일련의 가치, 즉 그것이 돈이든 제품이든 또는 윤리성이든 그것을 아끼고 보호할 수 있는 능력으로 판단되었다. 사람들은 미래를 위해 절약하는 지혜를 이해하고 있었다. 절약의 원칙이 값진 태도를 유발한다. 우리의 생각이, 물건을 보존하고 더 오래가게 하며 수리를 해서 이미 소유한 물건에 더 많은 유익을 부가하는 데까지 미치게 될 것이다. 그러는 것이 우리가 성급하게 낭비하는 걸 멈추게 하고, 우리의 생각이 "내가 얻을 수 있는 게 무엇인가?"에서 "내가 가진 것에 대해 하나님께 감사한다"는 생각으로 바뀔 정도로 제품의 품질과 가치를 생각하게 만든다. 무언가 소유하고 싶은 우리의 생각이 일련의 가치로 통제된다면 그건 잘못된 생각이 아니다. 낭비하기에 앞서 잠시 멈춰 다음 네 가지 질문을 스스로에게 묻는다면 많은 좌절을 저지할 수 있을 것이다.

- 그것이 내게 필요한가?
- 내가 그걸 감당할 수 있는가?
- 내가 왜 그걸 원하는가?
- 내가 언제 그것을 가져야 하는가?

우리가 그냥 내버리며 자기 잇속만 챙기는 사회를 발전시켜왔기 때문에 우리는 "원한다면 난 그걸 가질 거야. 이제 난 그럴 자격이 있어. 난 그걸 쉽사리 월부로 지불할 거야"라는 생각을 하도록 프로그램이 되어 있다. 그래서 우리는 스스로 만족해하고 남들에게 뒤처지지 않으려고 계속해서 써버린다. 어리석게도 우리는 있는 것만 쓰는 게 아니라 없는 것조차 써버린다.

우리는 스스로 돈을 빌리거나 외상으로 살아가기 쉽게 세상을 그렇게 만들어버렸다. 우리는 사전 승인 신용카드와 '6개월 무이자, 1년간 무상환' 등 기타 많은 신용제공에 시달리고 있다. 그러나 그들은 초기 신용제공 이후 폭등하는 금리에 대해서는 말하지 않는다. 그들은 향후 수년 동안 벗어날 가능성이 거의 없는 상환계획으로 우리 대다수를 구속하고 우리의 결혼 생활과 건강을 파괴할 어려운 상황을 만들어 낸다. 그러나 신용카드는 관리할 수만 있다면 이로울 수 있다.

지혜로운 사람들은 미래를 위해 절약하고 힘을 키운다. 그들은 지혜롭게 계획하고 지출한다. 그들은 단지 저축계좌만 갖고 있는 게 아니라 부동산, 건물, 개인 사업 등에 투자한다. 그들은 하나님과 자신들을 믿는다. 그들은 또한 남들을 믿고 그들과 함께 기꺼이 모험하기 때문에 다른 많은 사업에도 투자한다. 그들은 단지 소비자일 뿐 아니라 투자가이며 절약하는 사람들이다. 상황이 어려울 때도 그들은 살아남는다. 그들은 자신과 신용카드 그리고 은행과도 평화롭게 지낸다.

미국은 나라에서 저축과 지출 원칙을 지혜롭게 실천해왔기 때문에 국민들이 수조 달러의 빚에 시달리지는 않게 될 것이다. 하나님께는 바르게 잘되는 방법이 있다. 그 방법은 우리들의 가족에게 평화를 가져다주고 우리의 삶에서 압박과 좌절감을 없애준다. 조만간 우리는 상식을 이용해 하나님의 규칙에 따라 살아가는 법을 배워야 할 것이다. 지금 그렇게 하길 선택하지 않으면 곧 강제로 해야만 하게 될 것이다. 어리석은 사람이 되지 말고 지혜로워져서 미래를 위해 절약하는 법을 배우라.

## ◇»───────◆ 목표 달성을 위한 기초 ◆───────«◇

▶ 토론

○ 당신은 절약형인가? 아니면 소비형인가?

○ 씨 뿌리기와 소비, 이 둘 중 어느 한쪽을 선택함으로써 당신의 미래에 어떤 영향을 미쳤는가?

▶ 등급 평가 (최고 10, 최저 1)

○ 당신은 삶 속에서 현재 이 원칙을 어느 정도 적용하고 있는가?

○ 현재의 등급을 더 높일 가치가 있다고 보는가?

▶ 깊이 생각해 보기

성공적인 가족 뒤에는 모두 자식들을 위해 절약하는 누군가가 있다.

───────◆◆◆───────

# 07

## 파종

나눠주고도 더 부해질 수 있다!
지나치게 움켜쥐고도 모든 것을 잃을 수 있다.
그렇다. 아낌없이 나눠주는 사람은 부해질 것이다!
남들에게 물을 나눠주는 사람은 곧 자기 자신에게 물을 주는 것이 된다.

잠언 11:24-25 TLB

어떤 사회에나 승자와 패자는 있게 마련이다. 대부분의 경우 그 차이는 우리가 선택해서 지키기로 한 가치나 원칙에 달려있다. "나눠주고도 더 부해질 수 있다"는 잠언 말씀은 더 부해지거나 더 가난하게 되는 것은 바로 우리 자신에게 달렸다는 뜻이다. 빈부의 균형은 돈이든 아이디어든 또는 꿈을 지나치게 움켜쥐고 있을 것인지 아니면 하나님이 우리에게 주신 것들을 남들에게 나눠주거나 축복하는 데 사용할 것인지 그 선택의 여부에 달려있다.

이 원칙은 자신의 권리와 지원 혜택에 더 많은 관심이 있는 현 세대와는 정반대인 것처럼 보이는 원칙이다. 우리는 남에게 복을 나눠주는 사람이 되기보다 오히려 모든 것을 받는 사람이 되고 싶어 한다. 이 씨 뿌림(파종)의 원칙은 하나님 나라에서는 흔한 일이므로 우리 모두에게도 흔한 일이 되어야 한다. 대부분의 경우 어떻게 심느냐가 승패의 차이가 되기 때문이다. 하나님의 방법들은 반드시 이루어지게 되어 있다. 그 원칙들은 우리와 우리 사회를 바로 관리하기 위해 하나님이 설계하신 것들이다. 그것들이 언제나 즉각적인 보상을 만들어내지 않을 수도 있겠지만, 그래도 종국에는 늘 승리할 것이다.

이 파종의 원칙은 천지창조 때 하나님이 설계하신 절대 법의 일부다. 파종 후에는 자연적으로 수확이 뒤따른다. 즉 심은 뒤엔 언제나 거두어들일 때가 오기 마련이다. 이 법은 하나님이 예정하신 법이어서 손해를 감수하지 않고는 우리가 이 법을 절대 깨뜨릴 수 없다. 인색하게 심으면 결국 그렇게밖에 거두지 못할 것이다. "우리가 남을 헤아린(남에게 심은) 그대로 헤아림을 받을 것이다"라고 우리 주님께서 말씀하셨다. 하나님이 축복할 수 없는 두 가지가 있다. 즉 '인색함'과 '게으름'이다. 게으름은 심고 뿌리고 물주는 걸 못하게 방해한다. 인색함은 우리가 미래를 위해 남들에게 투자해야 할 돈과 아이디어를 사용하지 않고 이것들에 매달리게 만든다. 돈과 아이디어는 남들에게 심겨지거나 뿌려져야 할 씨앗이다. 이렇게 하는 것이 우리에게 보상이 되고 밝은 미래를 가져다 줄 것이다.

하나님은 전략적인 사상가이시다. 그는 우리도 그렇게 되길 바라신다. 그는 우리가 지나치게 움켜쥐면 결국 실패자가 되고 만다는 걸 깨닫게 되길 바라신다. 아낌없이 주는 사람은 자신의 물질과 시간 그리고 재능에 관대하기 때문에 부하게 될 것이다. 그의 관심은 자기가 심은 것에 물을 주고 가꾸는 일에 있다. 아무리 많이 심거나 씨를 뿌려도 끊임없이 물주고 가꾸지 않으면 풍성하게 거두지 못할 것이다. '물주기'는 우리가 심어 놓은 사람이나 제품, 아이디어 또는 돈을 관리하고 육성한다는 의미다. 그것은 마치 한편으로는 누군가에게 돈을 주고 또 다른 한편으로는 투자한 것에 대한 후속 조치를 하는 것과 같다. 주고 나서 그냥 떠나버리는 일은 없어야 한다. 주고 나서 준 것이 가치 있게 되어 가고 있는지 확인해야 한다. 기대를 가지고 씨를 뿌려야 한다. 남에게 물을 나눠주는 것은 곧 자신에게 주는 것이 된다. 즉 남을 발전시킴으로써 스스로 자신이 발전하게 된다. 우리가 소유한 것을 사용하거나 그것을 남들에게 나눠줄 때 우리 자신에게 더 많은 여유가 생긴다. 이미 가득 찬 항아리는 다시 채

울 필요가 없다. 그래서 잠언은 "우리는 나눠주고도 더 부해진다. 그러나 우리가 마땅히 나눠야 할 것을 붙잡고 매달리게 되면 우리는 모든 것을 잃을 수 있다"고 말씀한다. 심는(나누는) 법을 배우면 우리가 돕던 사람들이 반대로 우리를 돕게 되는 관용의 태도를 개발하게 된다. 관대히 심으라. 그건 그럴만한 가치가 있다! 모든 사람들에게 미소를 심어 보라. 반대급부로 무엇을 얻게 되는지 지켜보라.

◇»——◆ **목표 달성을 위한 기초** ◆——«◇

▶ 토론

○ 당신이 누군가 남에게 물을 나눠줘서 당신의 삶에 무엇이 채워졌는가?

○ 당신은 삶의 어떤 영역에서 지나치게 움켜쥐고 있는가? 그리고 그것이 당신에게 어떤 영향을 미쳤는가?

○ 한 번에 너무 많이 심거나 투자하는 것이 가능한가?

▶ 등급 평가 (최고 10, 최저 1)

○ 당신은 삶 속에서 현재 이 원칙을 어느 정도 적용하고 있는가?

○ 현재의 등급을 더 높일 가치가 있다고 보는가?

▶ 깊이 생각해 보기

만일 현재 거둬들이는 수확이 맘에 들지 않는다면 무언가 다른 걸 심기 시작하는 게 바람직할 것이다.

◆ ◆ ◆

# 08

## 빛

빚 갚기를 지체하지 말라.
지금 갚을 수 있다면 다음으로 미루지 말라.

잠언 3:27 TLB

남에게 무언가를 빌리는 일이 비록 많은 사람들에게 하나님 나라
의 긍정적인 원칙으로 여겨지지 않는다고 하더라도 그것은 가치 있
는 일이고, 또 개인적으로 우리에게 미치는 전반적인 영향 때문에
인정되어야 한다. 남에게 빌리는 일의 좋은 점은 그것이 돈이든 제
품이든 또는 도움이든 우리 자신이 불충분하다는 것을 남에게 알리
는 것이 되기 때문에 그것은 일종의 겸손의 표시다. 남에게 빌리는
일은 또한 우리가 사람들에게 무언가 빚지게 됨으로써 자신을 책임
질 수 있는 위치에 있게 만든다. 이것은 우리가 서로 존중하고 좋은
관계를 만들어야 하는 필요성에 도움이 된다. 결국 하나님이 설계하

신 삶은 혼자서만 자급자족하며 사는 삶이 아니라, 그게 가족이든 친구든 지역사회든 또는 직장의 팀이든 일을 함께 배우고 서로 의지하며 살아가는 것이다.

위 잠언 말씀이 대출 빚에 관해 우선적으로 다루고 있지만, 남에게 빌리는 일은 우리에게 필요한 형태로 다가오기 때문에 어디든지 훨씬 광범위하게 적용될 수 있는 원칙이다. 개인적인 지원이나 대여금 같은 도움을 구하려면 겸손이 필요하다. 동료로부터 좋은 신용등급을 받기 위해 우리가 취할 수 있는 세 가지 일이 있다. 이들은 다음과 같다.

### 조그마한 부탁이나 적은 대여금으로 시작하라.

이런 부탁이나 대여금은 실용적이고도 실질적인 상식선에서 필요한 것들이어야 한다. 대여자나 친구에게 호의를 갚거나 책임을 다하겠다는 당신의 의도나 능력을 의심하게 해서는 안 된다. 필요한 게 무엇인지 명확히 하고, 그게 돈이든 제품이든 또는 부탁이든 당신이 어떻게 책임을 지고 되갚을 것인지 설명하라.

### 갚을 때는 신속하게 처리하고 약속을 지켜라.

신속함은 지불이나 호의에 대해서뿐만 아니라 성격적 특성으로써 중요한 원칙 중 하나다. 신속함은 책임감을 나타내 당신에게 좋은 신용등급을 부여하게 될 것이다. 지불은 당연한 일로 예상되지만, 존경과 신뢰를 길러주는 것은 신속함이다. 신속함은 앞으로의 대여나 부탁을 하는 거래를 위해 우리가 자신의 평판에 주의하고 있다는 걸 보여준다. 잠언은 "갚기를 지체하지 말라"고 말씀한다. 갚을 수 있다면 갚아라. 가능한 빚을 빨리 갚는 것이 방침이 되어야 한다. 당신을 도왔던 사람들이 당신에게 요구하기 전에 먼저 그들에게 "제가 할 수 있는 일이 뭐 좀 없을까요?"라고 물어보라. 이렇게 함으로써 당신이 진 빚에 대해 당신이 취할 신속성과 의도를 보여주게 된다. 여윳돈이나 시간이 좀 생길 때 지금껏 당신을 도왔던 사람들에게 진 빚을 갚으라. 흥청망청 쓰지 말라. 재정적 독립성과 자급력을 가르치는 사람들이 있다. 이것은 오히려 교만과 이기심으로 이끈다. 혼자서만 독립적으로 행복해질 수는 없다. 우리는 남들과 관계를 이루며 살아가도록 설계되었다. 우리는 항상 하나님과 친구들 그리고 우리를 배려하는 사람들에게 빚 진 자들이다. 그러므로 지체하지 말고 호의를 베풀라.

**만일 당신이 진 빚에 문제가 있다면 잘 소통하라.**
우리 모두에게는 즉시 빚을 갚지 않으면 안 될 힘든 때가 있다. 특별한 상황 때문에 우리가 재정적으로나 감정적으로 뒤처져 빚 갚을 시기를 늦추게 될 수도 있다. 우리가 소통만 제대로 잘한다면 대부분의 은행이나 친구들은 지불이나 부탁이 좀 늦어지는 데 대해 크게 걱정하지 않는다. 우리가 그들을 찾아가서 상황을 설명하는 것만으로도 오히려 그들은 우리를 존중하게 될 것이다. 이렇게 함으로써 지속적인 신뢰와 우정이 쌓여진다. 책임을 지라. 남들에게 심어놓은 바로 그것을 우리가 그들에게서 얻게 된다는 걸 기억하라. 결론은 이렇다. 우리가 친구들에게 자산을 쌓아두지 않으면 그들에게서 무언가를 빌리기는 어려운 일이다.

## ◇»————◆ 목표 달성을 위한 기초 ◆————«◇

▶ 토론

○ 당신은 누구에게 빚을 졌는가? 최근 그들에게 감사 표시를 했는가?

○ 빚과 그것이 당신에게 가르치는 가치를 어떻게 보는가?

○ 위에 언급된 빚에 대응하는 3가지 관점을 당신은 어떻게 잘할 수 있
는가?


▶ 등급 평가 (최고 10, 최저 1)

○ 당신은 삶 속에서 현재 이 원칙을 어느 정도 적용하고 있는가?

○ 현재의 등급을 더 높일 가치가 있다고 보는가?


▶ 깊이 생각해 보기

우리가 성공을 더 많이 하면 할수록 우리 스스로 그것을 이룰 수 없었
다는 걸 더 많이 인정하게 된다.

# 09

## 보증

남의 계약증서에 부서<sub>副署</sub>하고
그가 진 빚을 책임지게 되는 일은 어리석은 판단이다.

잠언 17:18

위 말씀은 관대한 마음을 가진 크리스천으로서는 이해하기 힘든 것처럼 보인다. 이는 우리가 어려움에 처한 사람들을 도와야 한다고 가르침을 받기 때문이다. 모든 윤리적인 크리스천들은 형제들의 요구에 반응하고 싶어 하기 때문에 부탁하는 사람이 크리스천 형제자매들일 때 보증은 특히 어렵다. 누군가 남의 빚을 보증해야 한다면 사전에 심사숙고해야 할 다음의 몇 가지 사항들이 있다.

- 그 사람은 윤리적이고 정직하며 좋은 성품을 가졌는가?
- 이 사람이 꼭 필요한 걸 원하는가? 아니면 단순히 바라는 걸 원하는가?

- 이 사람이 자신의 분수에 맞는 생활을 해왔는가?
- 이렇게 필요한 데도 그 가족은 왜 아무 반응이 없는가?

은행과 대출기관은 요구가 있는 사람들을 위해 존재한다. 그런 것이 그들의 비즈니스이기 때문이다. 은행이나 가족이 그런 요구에도 반응하지 않는다면 우리도 전혀 관여하지 말아야 할 그럴만한 좋은 이유가 있을 것이다. 만일 그 사람이 지금까지 재정 관리에 지혜롭게 행동하지 않았다면 왜 우리가 그런 행동을 지지하고 그 문제를 함께 걸머져야 하는가? "안 된다"고 말하는 것이 진정으로 그 사람을 돕는 일일 수 있다. 은행은 대출 비즈니스를 한다. 만일 어떤 사람이 신용대출을 받을 수 없을 정도라면 그 사람을 보증하는 것은 아마도 '어리석은 판단'이 될 것이다.

하나님의 계획은 가족 단위가 먼저 자기 식구들을 책임지게 하는 것이다. 그들은 자기 식구들을 지도하고 훈육해서 자기들에게 필요한 것(부족함이나 욕심이 아닌)이 충족될 수 있게 해야 한다. 부족함과 욕심은 은행이나 개인에게 빌린 돈으로는 절대 충족되지 않는다. 그런 것들은 책임을 지지 않아도 되는 수입으로 해결해야 한다. 친구가 친구로 남게 되길 바란다면 서로 보증을 서지 말라. 그러나 당신이 위험 부담을 안겠다면 규칙에는 예외가 있을 수 있다.

보증을 서지 않는 것이 하나님 나라의 원칙일 뿐 아니라 실용적인 관계의 관점에서도 대다수의 경우 좋은 판단임이 입증되었다. 대부분의 경우, 보증을 선 사람은 결국 보증금을 대신 갚게 되고, 그의 친구는 스스로 불안감과 수치심을 안고 사라져버린다. 누군가 남의 보증을 서는 일은 많은 상식의 원칙에 위배된다. 무엇보다 먼저 자기 자신의 빚부터 책임져야 한다. 대부분의 경우, 보증을 부탁하는 사람은 은행이나 가족 또는 남들의 조언에 신뢰를 보이지 않거나 책임감이 없다. 그렇지 않았더라면, 그 사람은 이런 상황에 처하게 되지 않을 수 있었을 것이다. 우리가 일을 잘 활용하거나 바르게 관리하지 않으면 하나님은 "없는 자에게서 빼앗아 있는 자에게 줄 것이다." 마 25:29 이 말씀은 예수님이 친히 하신 말씀인데, 이는 그가 재정적 법칙들이 어떻게 작용하는지 알고 계셨기 때문이다.

만일 우리가 문제 있는 형제를 진심으로 믿는다면 너그러운 마음으로 그에게 돈을 선물로 주면서 호의를 베풀고 되갚으라는 요구를 하지 않을 수도 있다. 그럴 경우 그가 처한 상황에서 벗어날 수 있도록 도움이 되는 조언을 했는지 확인하라. 그렇지 않으면 헛되이 도움을 주고 만 것이 되어버릴 수 있기 때문이다. 이렇게 하면 결국 빚을 갚아주고도 친구를 잃게 되는 것이 아니라 오히려 지속적인 관계를 구축하게 될 것이다.

## ◇»————◆ 목표 달성을 위한 기초 ◆————«◇

▶ 토론

○ 당신은 누군가의 보증을 서고 나서 후회한 적이 있는가?

○ 보증을 안 서는 것이 보증을 서는 것보다 왜 더 나은 판단인가?

▶ 등급 평가 (최고 10, 최저 1)

○ 당신은 삶 속에서 현재 이 원칙을 어느 정도 적용하고 있는가?

○ 현재의 등급을 더 높일 가치가 있다고 보는가?

▶ 깊이 생각해 보기

보증은 고용하지도 않은 사람에게 임금을 지불하는 것과 같다. 그래서 실망으로 끝난다.

◆ ◆ ◆

# 10

## 번영

**열심히 일하는 사람들은 부해진다.**

잠언 10:4 TLB

이런 말씀이 성경에 있다는 것이 믿겨지지 않는다. 사실 이 말씀이 세속적으로 들리겠지만, 하나님은 자기 자녀들을 "공개적으로" 축복하고 싶어 하신다. 그의 방법을 따르는 사람들을 번영하게 하려는 그의 바람과 뜻을 절대 의심해서는 안 된다. 하나님은 우리가 그의 방법을 듣고 따르며 그의 법과 계명을 지키면 우리에게 복을 내려주겠다고 말씀하셨다. 또 우리가 감당할 수 없을 정도로 많은 걸 소유하게 되리라고 말씀하셨다. 그는 우리가 하는 좋은 일마다 다 축복하고, 우리를 꼬리가 되지 않고 머리가 되게 하신다. 그는 또한 우리가 도시, 나라, 가족, 지역사회 등 어디에 있든지 우리를 축복하리라고 말씀하셨다(신명기 28장). 하나님의 바람은 우리를 축복해 번성하게 하고, 그의 방법을 따르면 대가가 지불된다는 걸 세상에 보이는 것이다. 하나님은 불공평하게 보상하며 인색하고 냉정하게 구는 보스가 아니다. 그는 자기의 원칙에 순종하고 헌신하는 데 대해서는 충분한 보상을 해주신다. 그는 우리가 그의 법을 따르고 삶의 게임 규칙에 맞춰 스스로 훈련하면 승리하리라고 말씀하셨다. 우리는 시냇가에 심은 나무처럼 되어 가뭄이 와도 잎사귀가 마르지 않고 하는 일마다 모두 번영할 것이다(시편 1편).

"열심히 일하는 사람들은 부해진다"는 위 잠언 말씀은 "하나님은 착한 사람을 굶어 죽게 내버려두지 않는다"거나 "하나님은 악한 사람의 부가 영원히 지속되지 않게 할 것이다"라고 해석될 수 있다. 게으른 사람은 곧 가난하게 되지만 열심히 일하는 사람은 부자가 된다. 이는 형평에 맞는 말이다. 때때로 악한 사람들이 마치 가장 번영한 사람들처럼 보여 우리가 그들을 뒤따라가는 삶을 만들어 보려는 경향을 보인다. 하지만 잠언은 "하나님은 악한 사람의 부가 영원히 지속되지 않게 할 것"이라고 말씀한다. 만약 속임수나 거짓말 또는 사기로 인해 부를 얻게 되면 그것들은 곧 사라져버릴 것이다. 하나님은 자신이 세운 법이 삶과 자유 그리고 번영을 이루게 한다는 걸 아신다. 그렇지만 그것들도 법에 위배되면 실패하게 될 것이다. 하나님의 제도를 따르는 것이 곧 복된 삶을 선택하는 일이다.

왠지 모르게 사람들 가운데, 특히 종교적 신앙인들 중에는 '부는 잘못이고 가난은 선하다'고 생각하는 사람들이 있다. 그건 거짓말이다. 성경 어디에도 이것이 진실이라는 걸 발견할 수 없다. 예수님이 베드로의 그런 잘못된 태도를 보고 그를 꾸짖으셨는데, 그때 예수님은 "나와 복음을 위하여 집이나 형제나 자매나 어머니나 아버지나 자식이나 전토를 버리는 자는 현세에 있어 집과 형제와 자매와 어머니와 자식과 전토를 백 배나 받되 박해를 겸하여 받고 내세에 영생을 받지 못할 자가 없느니라"<sup>막10:29-30</sup>고 말씀하셨다.

예수님은 또 "주의 성령이 내게 임하셨으니 이는 가난한 자에게 복음을 전하게 하시려고 내게 기름을 부으시고 포로 된 자에게 자유를, 눈먼 자에게 다시 보게 함을 전파하며 눌린 자를 자유롭게 하며"<sup>눅4:18</sup>라고 말씀하셨다. 만일 포로 된 자가 자유를 얻고 눈먼 자가 보게 되고 눌린 자가 자유를 얻게 된다면 가난한 자에게 전해질 좋은 소식은 궁핍이 아니라 번영이 될 것이다. 그렇게 되면 좋은 목표, 즉 우리가 남들에게 영향을 미칠 목표를 향해 가도록 우리를 이끌어 갈 소원이 우리 속에서 생겨날 것이다. 하나님은 이런 방법으로 자기 사람들을 양육하신다. 그는 사람들 마음속에 성취를 위한 불타는 소원을 이루게 하는 비전을 심어놓으셨다. 사람들이 즐겁게 일하는 이유는 그들이 '자아존중감'을 좋아하기 때문이다. 힘든 일은 수입이 생기지만 수다는 값이 싸서 가난을 낳는다. 열심히 일하면서 좋은 원칙을 준수할 때 지속적인 성공이 보상될 것이다. 이는 하나님이 그렇게 설계하셨기 때문이다.

◇»———◆ 목표 달성을 위한 기초 ◆———«◇

▶ 토론

○ 부와 번영의 차이는 무엇인가?

○ 당신은 자신의 삶에서 이 번영의 원칙이 작용하는 걸 본 적이 있는가?

　당신이 알고 지내는 사람들의 삶 가운데서도 이걸 본 적이 있는가?

○ 과거 당신이 믿었던 것과 이 개념이 서로 다른가?

▶ 등급 평가 (최고 10, 최저 1)

○ 당신은 삶 속에서 현재 이 원칙을 어느 정도 적용하고 있는가?

○ 현재의 등급을 더 높일 가치가 있다고 보는가?

▶ 깊이 생각해 보기

만일 당신이 번영을 믿지 못한다면 걱정하지 말라. 당신은 결코 번영을 다루지 못하게 될 것이다.

◆◆◆

# PART 4

# 리더십의 원칙

*Leadership Principles*

# 01

## 압박

> 만일 당신이 역경의 압박을 견디어낼 수 없다면
> 당신은 가련한 사람이다.
>
> 잠언 24:10 TLB

압박과 스트레스의 상황은 서로 다르다. 하지만 여러 면에서 이 둘은 유사한 데가 있다. 우리가 과도한 일에 짓눌리거나 어디엔가 간혀있거나 또는 궁지에 몰려있는 상황에 처할 때, 그리고 터널 끝은 보이지 않는데 되돌아갈 수 없는 상황에 처해지면 스트레스가 생긴다. 때로는 비즈니스에서도 일은 시작되었는데 잘되지 않아 중도에 멈추는 것이 계속 앞을 향해 나아가는 것보다 더 나을 때가 있다. 그런 상황이 스트레스를 유발하고 우리를 죽음에 이르게 한다.

반면, 압박은 선택의 여지가 더 많다. 스포츠에서 우리는 자신을 밀어붙이며 압박한다. 비즈니스에서도 우리는 너무 많은 약속을 하고 한 번에 너무 많은 일을 성취하려고 애를 쓴다. 압박은 보통 스스로 자초한다. 운동이든 일이든 너무 지나칠 정도로 열심히 해서는 안 되는데도 불구하고 우리는 과다한 목표를 세우거나 과다한 승리를 바라는 쪽을 선택한다. 그래서 결국 압박이 스트레스로 바뀌게 된다. 그러나 이런 상황에서도 마음만 먹으면 우리는 목표들을 재조정할 수 있고, 심지어 어떤 수를 써서라도 압박 상황을 벗어날 수 있다.

주도적 리더들은 다음과 같은 특성을 지니고 있음이 확인되었다.

- 그들은 비전을 가지고 있다.
- 그들은 욕구를 가지고 있다.
- 그들은 도전을 잘 헤쳐 나간다.

훌륭한 리더가 되려면 압박을 감내하는 법을 배워야 한다. 리더는 두 종류가 있는데, 하나는 '주도적 리더proactive leader'이고 또 다른 하나는 '반응적 리더reactive leader'다. 그들은 누구나 똑같은 압박에 맞닥뜨리게 된다. 그럴 때 주도적 리더는 앞을 내다보고 장래 일을 예측하며 자신은 물론 남들에게도 압박을 가해 목표를 달성하거나 재난을 피해 간다. 반면, 반응적 리더는 재난이 일어난 후에야 비로소 거기에 반응하며 자신을 압박하거나 심지어 스트레스를 유발한다.

주도적 리더는 남들이 따를 수 있도록 길을 내어준다. 그들은 일을 성취하는 데 필요한 것들에 대한 비전을 가지고 그것에 따라 움직인다. 그들에게는 일을 성취시키는 것이 자신들의 목표를 달성하는 데 필요한 비용이나 압박보다 더 중요하다. 그들은 남들이 두려워하고 회피하는 문제들을 해결해낸다. 그들의 친구 중 일부는 그들을 비웃으며 일을 성취시킬 수 없다고 말한다. 하지만 이런 리더들은 미래를 직시한다. 이들은 일이 반드시 성취돼야 한다거나 성취될 수 있으리라고 보고 전력을 다해 결국 일을 이루어내고 만다. 그들은 남들이 해내지 못할 일을 감히 해낸다. 그들은 남들이 멈춰있는 동안에 달리고, 남들이 놀고 있는 동안에도 일하고, 남들이 두려워하는 곳에서도 일을 이루어낸다. 그들은 자신들이 원해 끊임없이 압박을 받으며 살아간다. 그들은 일을 늦추고 일정을 조정하거나 목표를 낮춰 세울 수도 있지만, 그들은 성취자가 되고 싶어 한다. 그들은 압박을 받는 삶을 토대로 성공을 이루며 살아간다.

세상에는 타고난 리더란 없다. 우리들 대다수가 잠재력을 지니고 있지만 오직 몇 사람만이 그 대가를 지불하거나 압박을 받으며 살아간다. 훌륭한 리더는 위험을 감수하며 압박을 가한다. 그들은 자신의 목표나 운명에 장애가 되는 문제들을 기꺼이 해결해낸다. 그들은 욕구에 이끌리는 삶을 살아가며 문제를 결코 넘을 수 없는 장벽으로 여기지 않고 장애물 정도로 취급한다. 그들에게 삶이란 일종의 '이기는 게임'이고, 압박은 '승리의 일부'로 여겨진다. 그들은 압박이 없는 삶은 바르게 살 수 없다는 사실에 익숙해져 있다. 또 도전이 없으면 성취가 없고, 압박이 없으면 발전할 수 없다고 여긴다.

이제 우리는 압박에 대응해 현재와 미래의 문제들을 해결할 수 있는 능력을 갖춘 훌륭한 리더를 가질 수 있도록 기도해야 한다. 감히 현상에 도전하고 우리 지역사회와 세계에 진리의 기둥으로 우뚝 서게 될 리더 – 즉 실행 가능한 꿈을 가지고 압박을 두려워하지 않는 리더 – 바로 이런 리더를 가질 수 있도록 기도해야 한다.

## ◇»———◆ 목표 달성을 위한 기초 ◆———«◇

▶ **토론**

○ 당신은 주도적 성향의 리더인가? 아니면 반응적 성향의 리더인가?

○ 어떤 종류의 압박이 긍정적인 압박이고, 또 어떤 종류의 압박이 당신을 억누르는 경향이 있는가?

○ 당신의 욕구 수준은 어느 정도인가?

▶ **등급 평가** (최고 10, 최저 1)

○ 당신은 삶 속에서 현재 이 원칙을 어느 정도 적용하고 있는가?

○ 현재의 등급을 더 높일 가치가 있다고 보는가?

▶ **깊이 생각해 보기**

아이디어는 당신이 작동시키지 않는 한 절대로 작동하지 않는다.

———◆◆◆———

# 02

## 사람 이해

지혜는 하나님이 허락하는 것이다!
하나님의 모든 말씀은 지식과 이해력의 보고이다.

잠언 2:6 TLB

내가 왜 사람들을 이해하고 싶어 하는가? 이런 질문은 자신에게 하는 좋은 자문이다. 그럴만한 여러 가지 이유가 있지만 중요한 이유 몇 가지만 살펴보면 다음과 같다.

- 사람에 대한 이해가 여러 가지 갈등에서 우리를 구해준다.
- 우리에게는 사람들을 지도하고 동기 부여할 수 있는 능력이 있다.
- 사람에 대한 이해가 우리에게 용서하는 마음을 가져다준다.

지혜로운 사람이었던 솔로몬은 몇 가지 유형의 사람들, 즉 어리석은 사람, 조롱하는 사람, 반역자, 게으른 사람, 이밖에 유형의 사람들에 관해 많은 이야기를 남겼다. 솔로몬은 사람들을 이해하고 그들을 어떻게 대해야 하는지 그 방법을 알고 있었기 때문에 그는 지혜로운 사람이었다. 그는 사람을 이해함으로써 큰 명성과 성공을 이루었는데, 사람들은 그것을 '지혜'라고 했다. 만일 우리가 우리를 조롱하고 반대하는 사람들을 이해하지 못하면 우리는 그들과 불필요한 갈등과 그들에 대한 나쁜 태도를 기르게 돼 결국 그들을 해롭게 하기보다는 오히려 우리 자신들에게 더 큰 해가 된다. 비즈니스를 하는 우리가 직원들에게 동기부여하려면 그들에 대한 이해가 필요하다. 그렇지 않으면 생산성이 떨어져 비즈니스를 망치게 할 수도 있다. 우리는 또 고객들을 이해해야 한다. 그들에게 필요한 것이 무엇이며, 그들이 왜 그걸 원하는지 이해해야 한다. 고객들과 그들의 요구에 대한 이해가 없으면 우리가 아무리 그들을 잘 섬긴다고 하더라도 그들을 만족시키지 못하게 될 것이다. 그들은 때때로 오직 인정만을 받고 싶어 한다. 우리 모두에게는 적어도 다음과 같은 네 가지 기본적인 요구사항이 있다.

- **사랑과 인정을 받고 싶다.**
- **성취감이나 자존감을 체험하고 싶다.**

- 소속감을 갖고 싶다.
- 안정감을 갖고 싶다.

우리가 사람들을 대할 때마다 처해 있는 상황과는 무관하게 마음에 새겨두어야 할 일들이 있다. 비즈니스 관리 업무 중에는 사람들에게 동기를 부여함으로써 그들이 또 다른 사람들을 섬기게 하는 일도 포함된다. 우리가 직원들의 개인적인 요구사항을 이해하지 못하면 그들을 관리하고 동기부여 하기가 매우 어려워진다. 그들의 강점과 약점을 이해하고, 그 결과에 따라 그들의 위치를 정해줘야 한다. 좋은 팀은 다양한 재능을 지닌 사람들로 구성되어 있다. 한 사람의 약점이 다른 사람의 강점으로 보완되어야 한다. 지식과 명철(이해력)이 주님의 입으로부터 나오기 때문에, 지혜를 얻기 위하여 주님께 신실하게 구하면 그가 지혜를 주실 것이다. 하나님은 "여호와를 경외하는 것이 지혜의 근본"이라고 말씀하셨다. 사람들이 자기가 하고 있는 일을 왜 하는지, 또 그들의 현재의 모습이 왜 그런 모습인지를 이해하게 될 때 비로소 우리는 그들에 대한 적절한 대응 지도 방법을 알게 될 것이다.

우리가 사람들을 잘 이해하면, 그것이 우리에게 용서하는 자세를 갖게 할 것이다. 예수님은 자기를 고발하는 사람들을 이해하셨다. 그래서 그는 "아버지 저들을 용서하여 주옵소서 자기들이 하는 일을 알지 못함이니이다"라고 기도하셨다. 이 얼마나 놀라운 태도인가! 예수님은 사람들의 무시나 또는 그들이 왜 그런 일을 하는지 그 이유를 이해하셨기 때문에 쉽게 용서할 수 있었다. 우리도 자신과 상황을 이해한다면 쉽게 용서할 수 있다.

일반적으로 사람들은 멋지고 좋은 사람이 되고 싶어 하지만 삶의 상황과 압박이 그들의 소망이나 꿈을 지나쳐버리게 만든다. 사람들은 자주 반응하자마자 즉각적으로 불쾌감을 나타낸다. 이럴 때가 바로 그들에게 지혜의 말씀 한마디를 할 수 있는 기회가 된다. 사람들이 주저앉아 있을 때가 바로 그들을 일으켜 세울 때다. 그들이 서 있을 때는 우리의 말을 듣지 않을 것이다. 우리는 사람들을 이해하는 일에 열중해야 한다. 그러면 하나님께서 용서의 마음으로 우리를 축복하고 보상하시며 좌절과 갈등이 가득한 세상에서도 우리에게 평화와 기쁨을 주실 것이다.

◇»———◆ **목표 달성을 위한 기초** ◆———«◇

▶ **토론**

○ 당신을 이해하려고 시간을 들이는 그 누군가로부터 당신은 어떤 영
   향을 받았는가?

○ 무엇이 사람들에게 동기부여를 한다고 생각하는가?

▶ **등급 평가** (최고 10, 최저 1)

○ 당신은 삶 속에서 현재 이 원칙을 어느 정도 적용하고 있는가?

○ 현재의 등급을 더 높일 가치가 있다고 보는가?

▶ **깊이 생각해 보기**

많은 사람들이 조언을 듣는 귀는 닫아놓고 있지만 모범을 보는 눈은 대
부분 열어 놓고 있다.

◆◆◆

# 03

## 인재 개발

스승은 숙련된 반항아보다
미숙한 견습생에게서 더 나은 일을 찾는다.

잠언 26:10 TLB

'개발한다'는 말은 점차 '더 충만해진다, 더 커진다' 또는 '더 나아진다'는 의미다. 그래서 이 말은 사람이나 제품 또는 자세와 같이 어떤 분야에든 적용이 가능하다. 삶은 일종의 과정이므로 우리는 모두 육체적, 정신적 또는 영적 개발과 연관되어 있다. 우리가 숙련된 상태로 태어나는 것은 아니지만 우리 모두는 개발 잠재력을 가지고 태어난다. 그런데 왜 우리는 '훈련된 반항아'보다 '훈련되지 않은 미숙한 사람'을 고용하고 싶어 하는가? 간단히 말해, 훈련된 반항아는 자신이 모든 걸 다 안다고 생각하기 때문에 우리가 속한 조직에 적응하지 못할 수 있다. 그가 아무리 뛰어난 기술을 가지고 있다고 하더라도 자신과 자신의 기술에 대해 고압적인 자세를 취한다면 그는 결국 문제가 되고 만다. 이는 사람의 의지가 기술보다 더 가치가 있음을 말해준다. 만일 우리 중에 의지가 있는 사람이 있다면 그의 잠재력은 개발된다. 어떤 삶이든 그 삶의 결과에 매우 중요한 영향을 미치는 두 종류의 환경이 있다.

- **우리가 태어나고 자라는 환경**
- **우리가 스스로 선택하는 환경**

첫 번째 환경은, 우리의 선택 조건이 아니다. 우리를 양육하는 손길들, 우리를 대하는 자세와 방법, 그리고 우리를 가르치는 일들, 이 모든 일에는 우리의 성과에 따라 해야 할 일들이 많이 있다. 왜 그런가? 우리는 마치 어떤 형태의 모양과 틀을 만들어내는 원재료와도 같기 때문이다. 인생의 첫 8년간의 체험이 그동안 우리 속에서 개발된 패러다임 때문에 미래의 많은 부분을 잘 결정지어줄 수 있다. 물론 나중에 우리 스스로 결정을 할 수도 있지만 그때가 되더라도 우리가 내리는 결정은 과거 우리의 패러다임에 따라 정해지게 된다.

두 번째 환경은, 우리 스스로 선택하는 환경으로써 자신의 선택에 책임을 져야 하기 때문에 첫 번째 환경보다 훨씬 더 중요하다. 만약 첫 번째 환경이 좋은 환경이라면 우리가 발전하는 데에 계속적으로 도움이 된다. 그러나 이 환경이 구속을 주는 부정적 환경이나 왜곡된 환경이라면 새로운 환경을 만들거나 아니면 받아들일 기회를 가져야 한다. 그것은 다시 태어나는 것과도 같다. 새로운 환경이 우리에게 새로운 틀과 잠재력으로 발전하게 될 기회를 주게 된다. 인간의 마음과 영혼은 한 알의 씨앗과도 같다. 모든 씨앗 속에는 생명의 잠재력이 있다. 만일 씨앗이 건조하고 서늘한 환경에 있으면 그 씨앗은 싹을 움트지도 자라지도 못한다. 이런 씨앗은 활동이 정지된 상태가 된다. 그러나 씨앗을 따뜻하고 습한 환경에 놓아두면 그 씨앗은 자연히 자라게 될 것이다. 만일 그 환경이 알맞게 유지되면 그 씨앗은 풍성하게 성장하게 된다. 우리도 이와 매우 흡사하다. 만약 우리의 환경이 알맞은 환경이라면 우리도 풍성하게 자라고 성숙해지며 열매를 맺게 된다. 이 원칙은 우리의 가족이나 비즈니스 또는 어떤 조직에서도 적용된다.

우리가 성장하고 발전해 갈 때 반드시 다음 세 가지 사항을 항상 고려해야 한다.

- 우리가 어떤 모습의 사람이 되고 싶은지에 대해 평생의 확고한 비전을 가져라.

- 자신이 바라는 모습대로 되기 위해 패러다임의 전환이 필요한지 알려면 과거를 점검하라.
- 삶의 가치들을 연구하고 이들 중 어떤 것들이 우리의 목표에 알맞은 환경을 만들게 될지를 결정하라.

나이가 너무 많아 이런 것들을 검토할 수 없다는 생각은 절대 하지 말아야 한다. 하지만 확실한 패러다임을 가지고 오래 살면 살수록 그걸 깨뜨리기가 점점 더 힘들어진다. 그래서 풍성히 발전하길 바란다면 언제든 변화할 준비가 돼 있어야 한다는 사실을 인정해야 한다. 때때로 우리는 자신보다는 남을 변화시키고 싶어 한다. 우리가 아이들이나 직원들 또는 사회를 발전시키려 한다면 그들 스스로 합당한 가치를 깨닫도록 지도해야 한다. 우리는 부모로서 자녀들이 그들의 미래를 준비할 수 있도록 반드시 책임져야 한다. 그들의 미래의 대부분은 우리에게 달려있다. 우리는 또 고용주로서 직원들의 미래를 고려해 조직에 적합하도록 그들을 개발해야 한다. 우리의 모든 영향력과 인재 개발의 최종 결과는 하나의 문화, 즉 우리가 살아가는 하나의 환경을 만드는 것이다. 지금까지 우리는 우리가 인재를 개발해온 방식으로 우리의 상황과 우리의 성공을 개발하거나 창출해왔음을 늘 기억해두어야 한다.

## ◇»———◆ 목표 달성을 위한 기초 ◆———«◇

▶ **토론**

○ 당신이 속한 팀에는 숙련된 반항아가 많은가? 아니면 미숙한 견습생
  이 많은가?

○ 당신의 가족과 비즈니스 그리고 교회 내에 어떤 환경이 변해야 한다
  고 보는가?

▶ **등급 평가** (최고 10, 최저 1)

○ 당신은 삶 속에서 현재 이 원칙을 어느 정도 적용하고 있는가?

○ 현재의 등급을 더 높일 가치가 있다고 보는가?

▶ **깊이 생각해 보기**

에고 트립(ego trip, 자기의 존재감을 강화하고 자아를 확장하는 특정한
경험이나 행위 또는 습관)은 마치 휴가를 얻고도 절대로 집을 나서지 않
는 것과도 같다.

# 04

## 경청

지혜로운 사람은 들으며 배움을 키워갈 것이다.

잠언 1:5 TLB

'경청'은 '듣거나 주목하려고 노력하다, 주의를 기울이다, 조언을 얻다'는 의미를 갖는다. 잠언에서 "지혜로운 사람은 들으며…"라고 한 말씀은 지혜로운 사람이라면 경청을 잘하는 사람이라는 뜻이다. 지혜로운 사람들이 경청하는 이유는 경청하면 더 지혜로워진다는 것을 그들이 알기 때문이다. 경청을 잘하는 사람들은 더 많은 배움을 구한다. 지혜는 유전된 선물이 아니라 경청과 배움, 그리고 관찰과 이해를 통해 얻어진다.

경청하는 사람들은 보통 다음의 네 가지 특성을 지니고 있다.

- 그들은 경청과 말하기가 훈련된 사람들이다.
- 그들은 진실을 구하는 사람들이다. 그들은 '누가 옳은지who is right'가 아니라 '무엇이 옳은지what is right'를 알고 싶어 한다.
- 그들은 라디오, TV, 읽을거리 등 아무런 방해물이 없는 조용한 시간을 좋아한다. 그들은 자신의 내면을 들여다보는 시간을 갖고 싶어 한다. 그들은 사색가들이다.
- 그들은 의문으로 가득 차 있다. 그들은 오해하거나 오해 받는 걸 싫어한다.

예수님은 자신이 사람들에게 오해를 받고 있다는 걸 늘 알고 계셨다. 그래서 그는 "귀 있는 자는 들을지어다"라고 경고하셨다. 예수님의 진심은 "내 말을 듣기만 하지 말고 그 의도를 이해하고 내 말의 개념을 파악하라"는 뜻이었다. 훌륭한 선생님들 모두가 확실한 개념을 전달하려고 하더라도 항상 꼭 알맞은 말을 사용하지는 않는다. 그래서 우리가 말을 듣긴 해도 그 핵심을 깨닫지 못한다. 그런 이유 때문에 경청을 잘하는 사람들은 여러 가지 질문을 통해 요점을 검증한다. 경청이 훈련되지 않으면 요점 파악이 안 된다. 우리는 가끔 주변 사람들이 우리의 말을 듣고 있다고 생각하는데 나중에 보면 뭔가 우리가 다른 뜻으로 말한 걸로 그들이 생각하고 있었음을 발견하곤 한다.

그냥 듣는 것만으로는 불충분하다. 경청을 해야 한다. 상대가 우리에게 전하려는 뜻을 우리가 완전히 이해하기 전에는 들어도 들은 게 아니다. TV는 한쪽 방향으로만 작동하기 때문에 오로지 전하는 역할만 한다. 전화기는 듣고 응대할 수 있기 때문에 좀 더 나은 의사소통 방식이다. 반면 팩스기는 훨씬 나은 의사소통기기다. 수신기는 발신기에서 전송한 것을 정확히 수신한다. 요즘은 통신기술이 발달되어 이메일이나 소셜 미디어(SNS) 등을 통해 세계 어디에서라도 언제든 어느 누구와도 명확하고도 신속한 의사소통이 가능해졌다. 그러나 우리는 이러한 시스템과는 다르다.

우리는 우리 자신의 인식과 감정(존재 상태)에 따라 남의 말을 평가하고 판단한다. 우리는 말을 듣고 난 후 들은 것에 대한 우리의 생각을 바탕으로 우리 자신만의 견해를 만들어 과거 경험에서 얻은 감정을 가지고 들은 얘기를 해석한다. 우리가 들은 모든 얘기는 우리가 겪었던 아픔과 실망의 과정을 통과하게 되고, 그런 다음 그 결과에 따라 최종적으로 판단된다. 이런 일련의 과정을 '마음속 독해'라고 한다. 어떤 사람들은 우리가 말한 걸 가지고 - 그것이 우리 마음에도 없는데 - 자신들에 관한 얘기를 하고 있었다고 말한다.

비즈니스와 대인 관계에서 성공하려면 사람들의 입장과 그들에게 필요한 것이 무엇인지를 알 때까지 경청하는 일에 솔선수범해야 한다. 사람들에게 필요한 것이 무엇인지를 찾는 것이 그들을 돕는 일의 첫 번째 단계다. 경청할 수 있다면 그들에게 필요한 것이 무엇인지를 배우게 될 것이다. 지혜로운 사람들은 경청을 통해 지혜로워졌다. 또한 그들은 경청의 가치를 알고 있기 때문에 경청하는 일을 지속해 갈 것이다.

누군가를 이해한다고 확신할 수 있는 좋은 방법은 그 사람에게 질문하는 것이다. 예를 들어 "당신이 내게 말하려는 것이 이건가요?" 또는 "당신이 뜻하는 바가 이건가요?"라고 질문할 수 있다. 너무 잘난 체하며 명확한 걸 요구하지 말라. 그래야만 좋은 시간을 함께 할 수 있으며 많은 아픔과 혼란을 피할 수 있게 된다.

## ◇≫──── ◆ 목표 달성을 위한 기초 ◆ ────≪◇

▶ 토론

○ 당신은 어떤 사람들이 하는 말을 듣기가 힘든가?

○ 누군가가 당신의 말을 진지하게 경청할 때 그것이 당신에게 어떤 영향을 주었는가?

○ 당신은 오해를 많이 받는가?

▶ 등급 평가 (최고 10, 최저 1)

○ 당신은 삶 속에서 현재 이 원칙을 어느 정도 적용하고 있는가?

○ 현재의 등급을 더 높일 가치가 있다고 보는가?

▶ 깊이 생각해 보기

훌륭한 사람은 자신의 삶과 미래가 배움과 이해에 달려있다는 걸 알기 때문에 항상 그들을 키워갈 것이다.

# 05

## 영감

소원이 늦춰지면 마음이 병들지만,
마침내 꿈이 이루어지면 그곳에는 생명과 기쁨이 있다.

잠언 13:12 TLB

두려움은 일종의 동기요인이 된다. 그래서 두려움이 중요하게 여겨져야 함에도 불구하고 명령과 한계를 정하는 데에 주로 사용된다. 만일 우리가 두려움만으로 사람을 통솔한다면 우리는 어리석은 리더다. 훌륭한 리더는 사람을 두렵게 만들어 통솔하는 규칙이 중요하다는 것을 알고 있지만 또한 "법이 분노를 일으킨다"는 사실도 알고 있다. 사람은 법만 가지고 살 수 없다. 언젠가는 그 법을 어기게 될 수 있기 때문이다. 가족이나 비즈니스 또는 사회를 지속적으로 오래 성공하도록 발전시키려면 우리는 누구에게나 ❶개인의 꿈 ❷기회 ❸희망을 주는 제도를 설계해야 한다.

우리에게 꿈이 없고 아무런 기회도 예상할 수 없다면 우리는 희망을 잃게 된다. 그리고 희망을 잃으면 화가 나고 아무것도 이룰 수 없다는 생각을 갖게 되어 허탈감에 빠지고 심지어 자살하기도 한다. 희망이 있는 한 우리는 무언가 할 수 있어 대부분 계속 전진해 갈 수 있다. 희망은 가능성이 보일 때 다가온다. 그리고 가능성은 긍정적이고 창의적인 마음에서 비롯된다.

하나님은 우리를 자신의 형상대로 만드시고, 우리가 상황을 스스로 평가하고 분석할 수 있도록 많은 아이디어를 갖고 창의적이 되게 하셨다. 만일 리더가 이런 창의성을 억누르게 되면 사람들은 언젠가는 그렇게 하는 것이 공정하지 않다고 분석을 하고 그 통제를 깨뜨려버리고 그곳에서 벗어나게 된다. 우리는 인간의 개성을 영원히 억누를 수 없다. 공산주의가 그 좋은 예가 되었다. 공산주의 체제는 모든 사람을 평등하게 하고 모든 걸 공동으로 소유한다는 이념 위에 세워졌다. 그들의 사상은 마치 "인간에게 음식과 의복과 안식처를 주어라. 그러면 행복해 할 것이다"라고 하는 것과 같다.

이 말이 마치 철학이나 되는 듯이 좋게 들릴지 모르지만 이런 사상은 아무런 효과가 없다. 왜냐면 우리는 모두 똑같이 되도록 설계되지 않았기 때문이다. 우리는 모두 똑같이 창조되었다. 그러나 각자 자신의 선택권이 있기 때문에 결과는 서로 다르게 나타난다. 우리는 각자 다른 은사와 기질과 생각을 가지고 있다. 이는 어느 누군가는 남다른 수준의 이해력과 기회를 이끌어내며 남들보다 더 뛰어난 추진력을 발휘할 수 있음을 의미한다.

영감을 함양시키려면 일정 한계 내에서 마음이 자유롭게 연동할 수 있는 환경을 만들어야 한다. 이 한계는 창의력 개발을 위한 프레임워크나 지표가 된다.

'동기부여한다'는 뜻은 '사람의 마음과 영혼을 자극한다'는 의미다. 이것을 '마음에 이끌리는 동기부여'라고 한다. 이런 동기부여는 사람들에게 영감을 주어 그들이 자신의 미래를 좇아가게 할 꿈과 가능성을 제시함으로써 실행된다. 사람들은 외형적인 법에 따라 통제받기보다는 오히려 자신의 내면에 따라 동기부여가 된다. 사람의 마음은 강제로 끌려가는 것이 아니라 이끌려가게 되어 있다. 이것이 사람들의 삶의 목표나 동기(이유)가 된다. 만일 우리가 우리 개인의 목표와 포부의 프레임워크 내에서 사람들에게 꿈과 동기를 부여한다면 이런 꿈과 동기는 양쪽 모두에게 유익하게 된다. 우리가 남들에게 영감을 주려는 의도는 언제나 서로 윈-윈 상황이 되도록 해야 한다. 그렇지 않으면 불공평하게 여겨지고 그것이 그대로 우리에게 되돌아오게 된다.

　훌륭한 리더는 모두 사람들에게 두려움을 이겨낼 수 있는 동기와 꿈을 심어주는 방법을 사용한다. 그들은 사람들을 두렵게 하는 것이 지도 방법의 일부인 것은 틀림없지만, 그런 방법은 최후의 수단일 뿐인 것으로 알고 있다. 훌륭한 리더는 동기와 꿈을 심어주는 방법에 집중하는데, 이 방법이 직원들의 내면에 강력한 힘을 창출하게 한다. 이 방법을 활용하면 직원들이 일을 마치 자기 일을 하듯 하기 때문에 관리가 덜 필요하게 된다.

## ◇»———◆ 목표 달성을 위한 기초 ◆———«◇

▶ **토론**

○ 당신은 두려움이나 꿈으로 인해 더욱 성공적으로 동기부여가 된 적이 있는가?

○ 제반 규칙에 대한 당신의 반응은 어떤가?

○ 당신은 희망을 잃어본 적이 있는가?

▶ **등급 평가** (최고 10, 최저 1)

○ 당신은 삶 속에서 현재 이 원칙을 어느 정도 적용하고 있는가?

○ 현재의 등급을 더 높일 가치가 있다고 보는가?

▶ **깊이 생각해 보기**

우리는 날마다 일상에서 만나는 사람들을 메모리 뱅크 속에 저장한다. 그것이 우리의 명성이 된다.

# 06

## 갈등

어서 가서 갈등에 대비하라.
하지만 승리는 하나님에게서 나온다.

잠언 21:31 TLB

어떤 사람들은 삶에 갈등이 없어야 한다고 생각한다. 그러나 모든 위인들의 삶 뒤에는 전쟁 스토리가 있다. 이런 전쟁 경험이 사람을 지혜롭게 한다는 원칙을 그들에게 가르쳐 주었다. 그들은 승리가 하나님에게서 나온다고 배웠다. 하나님은 창조 능력을 가지고 우리를 자신의 형상대로 만드셨다. 그런 창조 능력은 여러 아이디어를 통해 시작되는데 마치 한 아이디어가 다른 아이디어를 자극하고, 그다음 또 다른 아이디어를 자극하는 방식으로 우리에게 많은 의견을 갖게 한다. 이런 이유 때문에 우리가 늘 서로 의견 일치가 되지 않는데, 이는 우리가 성장하면 이런 의견이 우리 속에서 여러 의견을 구성하게 될 아이디어를 통해 나오게 되기 때문이다. 그래서 우리의 개인적인 의견 때문에 우리가 서로에게 어떻게 행동하고 반응해야 하는지(갈등) 그 방법을 배우는 데 시간을 할애하는 것이 삶의 중요한 일부가 되었다. 이런 갈등과 시험을 겪게 될 때 우리는 더 나은 사람이 된다. 그 이유는 우리가 이런 갈등과 시험을 통해 비로소 우리 자신의 강점과 약점을 발견하게 되기 때문이다. 승리는 하나님에게서 나온다는 사실을 인정하는 일은 매우 중요하다. 하나님이 우리를 승리하게 한다는 사실은 추론과 선택이라는 창조적 은사를 통해 인정되기 때문이다. 우리는 이 은사를 통해 성장하고 상황(갈등)을 극복한다. 우리 스스로 자문해야 할 질문 몇 가지가 있다.

- 갈등을 극복한 승리가 우리를 더 나은 사람으로 만들었는가? 아니면 삶에 화가 나는가?
- 그런 승리가 우리를 계속 겸손히 하나님께 감사하게 했는가? 아니면 비판적인가?
- 그런 승리가 우리의 인격을 개선하고 교훈했는가? 아니면 우리를 오만하고 거만하게 만들었는가?

갈등이 생기는 것은 잘못이 아니다. 사실 갈등이 없이는 성장이나 발전을 할 수 없는데 이는 대부분의 새로운 아이디어가 우리의 오랜 관습과 충돌하게 되면 제일 먼저 거부되기 때문이다. 변화란 언제나 쉬운 일이 아니다. 우리 중 일부는 절대 변하지 않을 것이다. 그렇기 때문에 아이디어 하나가 무르익으려면 시간이 필요하다. 그렇지 않으면 분쟁이 싸움으로 변하여 결국 중요한 동료들과 갈라서게 되는 일이 생긴다. 갈등은 우리의 마음속에서 다투는 충돌이다. 그리고 이 충돌이 육체의 육박전으로 바뀌면 싸움이 된다. 하지만 준비 없이는 승리할 수 없기 때문에 갈등이나 싸움에 미리 대비하는 것이 좋다. 오래전 한 아버지가 권투경기장에 자기 아들을 데리고 간 적이 있다. 거기서 그 아들은 한 선수가 넘어져 자기 코너에서 기도하는 모습을 목격했다. 그 아들은 자기 아버지에게 이렇게 물었다. "저렇게 하면 저 선수에게 도움이 될까요?" 그의 아버지가 이렇게 대답했다. "저 선수가 싸울 준비가 되어 있을 경우에만…" 이와 마찬가지로 우리는 승리가 하나님에게서 나온다는 사실을 믿어야 하지만 비록 그렇게 되지 않더라도 우리는 스스로 대비하고 있어야 한다.

또한 승리했을 때 조심해야 한다. 승리할 때 자랑하고 교만해지기 쉽기 때문이다. 조심하면 곧 겸손하게 된다. 하나님이 우리를 낮추시는 이유는 우리에게 무언가를 가르치시기 위해서다. 그는 우리가 승리할 때보다 패할 때 더 많은 것을 배우게 된다는 걸 알고 계시기 때문이다. 우리가 패할 때 그 패배의 원인과 관련하여 하나님과 우리 자신에게 물어봐야 한다. 이런 과정을 통한 배움이 우리의 이해력을 증진시켜 결국 우리는 개선하여 승리할 수 있게 된다. 승리는 하나님의 것이라는 걸 항상 기억해두어야 한다. 그렇지 않으면 반복적으로 시험을 겪게 된다. 하나님은 우리가 더 성장하고 이해할 수 있게 되길 바라신다. 우리가 싸우며 힘이 들 때는 하나님께 쉽게 도움을 구하고 그에게 각종 거래와 약속을 할 준비를 한다. 그러나 승리가 찾아왔을 때 하나님과의 약속을 절대 잊어서는 안 된다.

우리가 인생에서 배워야 할 한 가지 교훈이 있다. 즉 우리의 삶에 도움을 주고 우리에게 하나님을 믿게 하는 바로 그런 교훈이 있다는 걸 알고 갈등을 겁내지 말아야 한다. 갈등은 누구에게나 찾아오겠지만 그걸 해결하려면 반드시 하나님을 믿어야 한다. 이 믿음이 진정으로 거룩한 인격을 만들게 할 것이다. 그렇게 되면 우리는 우리들 자신만의 전쟁 스토리를 말할 수 있다!

## ◇»————◆ 목표 달성을 위한 기초 ◆————«◇

▶ **토론**

○ 당신은 갈등에 대해 어떤 느낌을 갖는가?

○ 당신의 삶 속에서 일어난 갈등들이 당신을 더 낫게 만들었는가? 아니면 더 비참하게 만들었는가?

○ 갈등이 당신의 삶에 어떤 도움을 줬는지 그 한 가지 예를 들어보라.

▶ **등급 평가** (최고 10, 최저 1)

○ 당신은 삶 속에서 현재 이 원칙을 어느 정도 적용하고 있는가?

○ 현재의 등급을 더 높일 가치가 있다고 보는가?

▶ **깊이 생각해 보기**

갈등이 전혀 없으면 오히려 내가 갈등을 일으켜야 할 정도로 갈등은 내게 아주 중요하다.

# 07

## 대립

부드러운 대답은 분노를 쫓아낸다.

잠언 15:1 TLB

우리가 누군가와 대립하게 되면 방어적이고 논쟁적으로 되는데 이런 일은 우리에게 자연적으로 나타나는 경향이다. 그 이유는 아무도 자기의 잘못이 입증되는 걸 바라지 않기 때문이다. 사람이 잘못을 하게 되면 초췌해져 결국 그것이 우리의 자존심에 상처를 주게 된다. 그래서 자기가 잘못했거나 진실을 과장했다는 걸 알면서도 자신의 입장을 지키려고 한다. 어떤 상황에서도 항상 옳은 사람은 아무도 없다. 그러나 우리 모두에게는 보통 부분적으로는 옳은 구석이 있다. 그런데 '부분적으로 옳은' 이것이 우리를 곤경에 빠뜨린다. 그이유는 다음과 같다.

- 적어도 부분적으로는 옳다고 여기는 이것 때문에 우리는 입을 벌려 마음 껏 의견을 쏟아낸다.
- 일단 의견을 말하게 되면 자신의 입장을 지키는 데 전념한다. 자신이 틀렸다는 걸 인정하기가 쉽지 않다.

좋은 관계를 갖지 않는 한 좋은 의사소통은 불가능하다. 좋은 관계는 갈등 없이 의견을 전달할 수 있는 권리를 부여한다. 서투른 의사소통은 관계를 손상시키고 많은 시간과 에너지를 낭비하고 문제 해결을 방해한다.

우리가 논쟁에서는 승리할 수 있을지 몰라도 싸움에서는 패하거나 또는 말하려는 요점을 잃게 되는 과정을 거치면서 좋은 친구를 잃을 수도 있다. 우리에게 불화가 생기면 (우리는 모두 다 그럴 수 있다) "상대와 빨리 화해해야 할" 마5:25 뿐만 아니라 목소리의 톤을 관리하고 통제하는 것이 중요하다. 부드러운 대답은 분노를 쫓아낸다. 우리의 반응이 부드럽고 점잖으면 상대는 오히려 우리를 존중하고 우리의 의견을 숙고하게 될 것이다. 이렇게 되면 토의를 계속할 수 있는 기회가 만들어진다. 강력한 힘을 가진 말들은 놀랍게도 그런 말들을 사용하는 방법을 아는 사람들의 수중에 있다. "죄송하다"는 말은 강력한 말인데도 이 말이 부드럽고 섬세한 혀에서 나올 때 마음을 누그러뜨리게 한다. 부드러운 대답은 탱크나 총 같은 무기보다 더 강력하다.

서로 논쟁하기에 앞서 자문해야 할 질문 세 가지가 있다.

- 그 프로젝트에 대해 내가 얼마나 알고 있는가? – 자만과 과신하는 태도를 보이지 말고 오히려 당신이 알고 있는 지식을 무시하라. 그러면 사람들이 감동할 수도 있다.
- 나는 내 감정을 얼마나 조절할 수 있는가? – 분노가 당신을 조절하지 못하게 하고 변론에 대응하기 전에 먼저 심호흡을 해 마음을 차분하게 하라.
- "당신이 옳을 수 있어요" 또는 "그건 참 흥미로운 관점이네요"와 같은 말을 언제 해야 하는지 알고 있는가? – 의사소통을 잘하는 사람들은 모두 자세를 낮추는 방법을 알고 있다. "저는 잘 모르겠는데요"나 "확실하지 않은데요"라고 말하는 것은 잘못된 것이 아니다.

말의 사용 및 대응법이 인생에서 전쟁이냐 평화냐, 친구냐 적이냐, 실패냐 성공이냐를 결정할 수도 있다. 전혀 아무것도 가진 게 없는 것보다 그래도 무언가 일부라도 가진 것이 더 낫다는 걸 기억하라. '자기가 유식하다는 것을 아는' 사람은 고함지르고 시끄럽게 하며 거칠게 굴 필요가 없다. 만일 그런 행동을 하는 사람이 있다면 그 사람은 불안하다는 징후다. 목청껏 소리를 질러대며 주장한 것이 틀리면 아주 곤란해진다. 오만하고 거칠게 구는 사람들에게 부드럽게 대답하면 여러 문제를 피하면서도 더 생산적이 된다. 토론이 엄청난 열기를 분출하며 진행될 때 부드럽게 대답하면 큰 소리로 말하는 사람들은 그 소리 때문에 스스로 난처해지게 된다. 서로를 존중하는 마음으로 토론이 마무리되지 않는 한 절대 회의장을 떠나지 말라.

## ◆ 목표 달성을 위한 기초 ◆

▶ **토론**

○ 누군가가 분노하거나 거만한 태도로 당신과 의사소통할 때 당신은
  보통 어떻게 대응하는가?

○ 어떤 측면의 원칙이 가장 당신에게 도전을 주는가?


▶ **등급 평가** (최고 10, 최저 1)

○ 당신은 삶 속에서 현재 이 원칙을 어느 정도 적용하고 있는가?

○ 현재의 등급을 더 높일 가치가 있다고 보는가?


▶ **깊이 생각해 보기**

최선의 승리 방법은 득점 기록을 아예 잊어버리는 것이다.

# 08

## 비판

만일 당신이 건설적인 비판을 유익하게 여기면
당신은 지혜로운 사람들의 명예의 전당에 오르게 될 것이다.

잠언 15:32 TLB

"난 그게 싫어"라는 말은 비판(견책)하는 말에 대한 가장 공통적인
반응이다. '비판'을 사전에서는 '판단을 분석하거나 판결을 내리는
행위'이라고 정의한다. 그 정의만큼이나 이상하게도 우리는 삶과 비
즈니스에서 비판을 받음으로써 유익해질 수 있다. 그 유익은 다음과
같이 다양하다.

- **지혜로워진다:** 우리는 선악으로부터 배운다.
- **전체를 올바르게 볼 수 있는 강력한 시각을 얻는다:** 우리가 비판자를 이
  해하기 때문이다.

• **좋은 판단력을 얻는다:** 우리는 '인물'이 아닌 '진실'을 추구하기 때문이다. 우리가 진실에 대해 갖는 가치는 그 진실을 규명하는 사람에 대해 느끼는 그 어떤 감정들보다 항상 크다.

우리는 모두 성장과 복된 삶을 체험하길 바라기 때문에 비판자들의 목소리를 들을 준비를 해두는 것이 좋다. 그러나 우리는 먼저 비판에 대한 인본주의적인 방법과 하나님의 방법을 구분해야 한다. 한 대중적인 '긍정적 정신 자세 이론positive mental attitude theory'에서는 건설적인 비판과 같은 건 아예 있을 수 없다고 말한다. 사람들은 비판을 모든 사물에 대한 부정적인 접근법이라고 말한다. 그러나 잠언에는 비판이 유익을 주는 한 방법이라고 말한다. 비판을 잘못된 것이라고 말하는 것은 우리가 잘못된 것을 고칠 수 없다고 말하는 것과 같다. 그것은 상식이 아니다.

'비판'의 어원은 '비판자'다. 아무도 비판하는 사람을 좋아하지 않지만 솔로몬은 비판을 유익한 것으로 여기라고 교훈한다. 비판자는 비판하고 고발하는 사람이다. 그러나 비판자의 말이 사실일 수도 있다. 그래서 우리는 언제나 비판 받을 수 있도록 마음의 문이 열려있어야 한다. 그렇게 하는 것이 우리에게 필요하다.

비판자는 보통 불쾌한 태도를 보이며 흠을 잡는 사람으로 낙인 돼 있다. 대부분의 경우 그런 태도 때문에 그의 말에 귀를 기울이려고 하지 않는다. 어떤 비판자는 마치 당나귀에게 차인 것 같은 불쾌한 태도를 보이기도 한다. 그러면 그 원인을 잘 생각해봐야 한다. 그러나 우리는 비판자들에게 감사해야 한다. 그들은 최소한 자신들의 생각을 우리에게 말할 무슨 내용을 가지고 있기 때문이다. 다른 사람들도 우리에 대해 같은 느낌이 들 수도 있지만 우리와 대립할 용기가 전혀 없어 우리의 성장 특권을 거부하게 된다.

비판을 받아들이면 유익해질 수 있다. 비판 내용은 사실이 아닐 수도 있다. 하지만 다시 말하는데 사실일 수도 있다. 그러므로 비판의 가치는 비판 자체에 귀를 기울이는 데에 있는 것이지 비판자에게 그 내용을 평가하게 하는 데에 있는 것이 아니다. 그것이 솔로몬이 잠언에서 우리에게 말하려는 의도다. 우리가 비판으로부터 무언가를 배우게 되면 우리는 지혜로운 사람들의 명예의 전당에 오를 수 있다는 것이다!

어떤 비판은 나쁜 태도를 보이며 흠 잡는 사람들에게서 유래될 수도 있지만, 그래도 그들의 말을 신중하게 고려해 보아야 한다. 비판은 우리가 들을 필요가 있는 것인데도 친구들이 말할 용기가 전혀 없어 하지 못하는 중요한 일일 수도 있다.

그래서 비난이 일 때는 비판으로 지적된 객관적인 기준이나 가치를 우리가 위반하고 있는지 스스로 자문해 보아야 한다. 만일 그렇다면 불필요하게 사람을 따르지 말고 원칙이나 가치를 따르라. 비판의 내용을 개인적인 성장에 이용하라. 이런 말씀은 어떤가? "주의 법을 사랑하는 자에게는 큰 평안이 있으니 그에게 장애물이 없으리로다."시 119:165 이 말씀은 우리가 '본질이 바르면' 비판도 우리를 방해하지 못한다는 의미다. 우리는 오히려 비판에 감사하고 이를 깊이 생각해 보아야 한다.

생각의 양식에 대해 누군가가 이렇게 말했다.

"복된 삶을 사는 법을 알고 싶다면 비판자에게 물어보라. 그에게 좋은 지침서가 있을지 모른다."

◇》————◆ **목표 달성을 위한 기초** ◆————《◇

▶ 토론

○ 비판에 대한 당신의 태도는 어떤가?

○ 비판적인 말이나 사람 때문에 곤란을 겪고 있는가?

▶ 등급 평가 (최고 10, 최저 1)

○ 당신은 삶 속에서 현재 이 원칙을 어느 정도 적용하고 있는가?

○ 현재의 등급을 더 높일 가치가 있다고 보는가?

▶ 깊이 생각해 보기

극도로 단단한 세 종류가 있다. 즉 철, 다이아몬드, 그리고 자신을 아는
것이다. 우리는 때때로 우리에게 도움이 되는 비판자가 필요하다.

━━━━━━ ◆ ◆ ◆ ━━━━━━

# 09

## 징계

아픔을 주는 처벌이
마음에서 악을 쫓아낸다.

잠언 20:30 TLB

『웹스터 사전』은 '징계'를 '잘못되거나 악한 것을 바로 잡기 위해 가해지는 처벌이나 훈계'로 정의한다. 징계는 또한 선을 보존하기 위하여 악을 없애는 기술이라고도 말할 수 있다. 이는 일하는 데에 있어 무엇이 우리에게 동기를 부여하는지를 말해준다. 우리 모두는 다음 네 가지 기본적인 동기를 가지고 있다.

- 우리는 책임을 느끼며 맡은 일에 전력을 다한다.
- 우리는 맡은 일을 하지 않을 때 겪어야 할 결과를 두려워한다.
- 우리는 성취감을 바라고 즐긴다.

• 우리는 이루고 싶은 꿈을 가지고 있다.

가장 공통된 동기는 두 번째, 즉 징계의 두려움이다. 이것이 최선은 아니지만 가장 공통된 동기다. 보통의 직원은 직장을 잃을지도 모른다는 두려움 때문에 일한다. 어떤 직원은 현재 일하고 있는 직장이 싫지만 그래도 몇 년간은 거기서 계속 일한다. 많은 기업가들이 자신의 비즈니스를 잃을지도 모른다는 두려움 때문에 수많은 동기를 갖게 된다. 심지어 결혼생활조차도 명성이나 재정 부채의 두려움 때문에 계속 유지된다. 사실 비즈니스이든 가족이든, 또는 사회이든 두려움이 없이는 생존할 수 없다. 이런 두려움이 우리를 성실히 책임지고 살아갈 수 있게 한다. 우리가 하나님을 사랑하고 섬기지만 징계의 두려움이 없이는 유혹의 압박을 받으며 신실함을 지켜갈 수 없을 것이다.

이미 훈련 받은 소중한 모든 생명체는 두려움과 동기의 관계를 이해할 것이다. 비행에 대한 처벌이 악하거나 불길한 아이디어와 행동을 우리에게서 쫓아버린다. 말과 개, 사자, 아이, 어른 할 것 없이 모두가 좋은 일에는 상을, 나쁜 일에는 징계를 받는 원칙을 깨달아야 한다. 두려움에 대한 확실한 감정이 없다면 우리는 제 역할을 할 수 없게 된다. 처벌이나 손해에 대한 두려움이 모든 사람과 모든 사물로 하여금 좋은 행동을 개발시키는 내면의 특정한 규율을 따르게 한다. 이런 내면의 규율이나 훈련된 행동이 그들의 가치를 높여준다. 이것이 지금까지 미국에서는 무시되었던 원칙이다. 그래서 수많은 아이들이 총을 소지한 채 학교를 다니고 있어 범죄가 증가하고 있다. 그들이 갖고 있는 징계에 대해 두려움이 도둑질해서 얻을 걸로 믿어지는 수입에 비해 별것 아니라고 여겨지기 때문이다. 우리 속에 하나님을 두려워하는 일련의 법이 없이는 가족이나 비즈니스 또는 사회를 관리하기란 불가능하다. 우리는 훌륭한 가치와 이것들이 우리에게 안겨주는 보상을 가르치고 사랑해야 한다. 그러나 그것들을 따르지 않을 때 주어지는 결과도 또한 반드시 가르쳐야 한다. 모든 동작에는 반응이 있다. 모든 행위에는 보상이 있다. 모든 긍정에는 부정이 있다. 이것이 삶의 규칙이고, 우리 중 이것을 바꿀 수 있는 사람은 아무도 없다.

징계에 대한 두려움이 최상이거나 가장 중요한 동기는 아니다. 그러나 그것은 변할 수 없는 삶의 확고한 사실이다. 이런 규율들을 좀 더 일찍 실행하면 할수록 우리는 좀 더 나아진다. "아픔을 주는 처벌"(벌금만 물게 하는 것이 아니라)에 대한 두려움이 모든 사람의 마음의 이면에 뿌리 박혀야 한다. 규칙은 반드시 공평하고 공정해야 한다. 그러나 이것을 어기면 반드시 정신적, 육체적 또 재정적으로 힘들게 해야 한다. 죄에는 형벌이나 대가가 따르는 법이다.

하나님이 규칙을 정하셨다. "아픔을 주는 처벌이 마음에서 악을 쫓아낸다." 우리가 사람들을 관리하고 동기부여를 하고 있다면 제일 먼저 절대 법칙 몇 가지를 만들어 이를 어기면 힘든 결과를 겪도록 해야 한다. 이것이 도를 넘어서는 행동에 대한 두려움을 일으키게 하겠지만 또한 우리가 사람들에게 바라거나 기대하는 것이 무엇인지를 그들에게 알리게 될 것이다. 이것은 또 이미 정해진 한계의 틀 내에서 그들이 자유롭게 일할 수 있게 한다. 소통이 잘되면서 실행이 빠른 엄격한 법이 미지의 일들에 대한 두려움을 없애고 우리에게 자유를 주게 된다.

## ◇»————◆ 목표 달성을 위한 기초 ◆————«◇

▶ 토론

○ 우리는 왜 징계를 싫어하는가?

○ 무언가를 해야 하는 네 가지 이유(동기) 중에서 어떤 이유가 당신에게 가장 잘 적용되는가?

▶ 등급 평가 (최고 10, 최저 1)

○ 당신은 삶 속에서 현재 이 원칙을 어느 정도 적용하고 있는가?

○ 현재의 등급을 더 높일 가치가 있다고 보는가?

▶ 깊이 생각해 보기

춤추고 싶다면 발등이 밟히는 정도는 염려하지 말아야 한다.

◆◆◆

# 10

## 판단

모든 얘기는 누군가가 다르게 말해
오해를 바로잡게 될 때까지는 사실처럼 들린다.

잠언 18:17 TLB

가장 훌륭한 리더십의 자질 중 하나는 올바른 판단력을 갖는 것이다. 올바른 판단력은 그것이 습득되었다고 해서 계속 유지되는 것이 아니다. 올바른 판단력은 하나님이 주신 통찰력으로써 일상에서 일어나는 각각의 상황이나 사람을 깊이 살펴볼 수 있는 능력이다. 리더십은 여러 상황을 통해 사람들을 진심으로 이끌어내어 바라던 최종 결과에 집중하게 하는 것이다. 그러려면 훌륭한 판단력이 필요하다. 그렇지 않으면 상황이 재앙으로 변할 수도 있다. 훌륭한 리더는 자신의 판단력과 분별력에 늘 신경을 써야 하는데 그들이 이렇게 하지 않으면 자신의 명성과 미래가 위태로워질 수 있기 때문이다. 훌룽한 판단은 보통 다음과 같은 사람들에게서 나온다.

- 스스로 정직하고 어떤 의제도 숨기지 않은 사람
- '누가 옳으냐'보다 '무엇이 옳으냐'에 더 관심을 갖는 사람
- 교만하지 않고 남의 의견을 구하는 사람

올바른 판단을 내리기 위해서는 자신을 먼저 판단해야 한다.마7:2 누구나 자신의 인식에 따라 남을 판단하는 경향이 있기 때문이다. 우리는 보통 자신에게서 보는 것을 남들에게서 본다. 우리에게 탐심과 증오와 불화가 있으면 남들에게도 그와 똑같은 것이 있을 것이라 생각한다. 우리는 이렇게 남을 판단하려고 한다. "마음에 가득한 것을 입으로 말하기"마12:34 때문이다.

올바른 판단은 개인적인 관심사나 감정 이입이 없이 문제나 사람의 중심을 들여다볼 수 있을 때만 가능하다. 모든 상황에는 개성이 개입되기 마련이므로 올바른 판단을 내리기란 언제나 쉽지 않다. 대부분의 문제는 사람과 관련되어 있어 감정, 화 그리고 말 잘하는 사람들이 개입된다. 모든 사람이 자기편 얘기를 광고하려고 한다. 물론 아무도 비난 받고 싶어 하지 않는다. 그러므로 훌륭한 판단은 한

상황 속에서 진실을 깨달을 때까지 문제의 양면을 경청하고 모든 허튼소리들을 분리·제거하는 과정 중에 나오게 된다. 모든 이야기는 상대편 이야기를 들어보기 전까지는 좋게 들린다. 상황을 이해한다고 느껴질 때 비로소 해야 할 일이 무엇인지 판단해야 한다. 무엇에든 이기려면 팀 운용이 필요하기 때문에 대부분의 경우 비난할 때는 한 사람만 비난할 것이 아니라 팀 전체를 비난하는 것이 지혜로운 방법이다. 한 사람에게만 비난을 퍼부으면 팀이 갈라지게 된다. 이럴 때 사용하기 좋은 표현법이 있다. "일차적으로는 그의 과실이긴 하지만 모두가 좀 더 조심했더라면 그런 일은 피할 수 있었던 것으로 안다." 그런 다음 용서하고 장래를 위하여 규칙을 정한다. 과거의 실수에 계속 집착하고 사람을 비난하면 현재의 성장 과정에 방해가 된다. 그렇게 되면 과거에 사로잡히게 되어 미래를 빼앗겨 버리기 때문이다. 훌륭한 판단은, 실수가 미래를 위한 속도 조절 역할을 한다는 측면에서 종종 실수로부터 배우는 것이다. 일반적으로 문제는 연막에 가리워져 있다. 그래서 주의 깊게 듣지 않으면 잘못 판단하고 잘못한 사람을 비난하게 된다.

우리는 또한 물건을 강매하는 이 세상에서 올바른 판단을 할 수 있어야 한다. 누군가에게 계약서에 서명할 때까지 스토리의 한 면만 알려 그의 생각을 조절하는 행위가 세상적인 기준으로 볼 때 판매수완으로 간주된다. 하지만 그런 일은 사기 행위다. 우리가 사람들, 특히 영업사원들에 대해 몇몇 통찰력과 올바른 판단력을 갖지 않는 한 홀대 받을 수 있다. 올바른 판단은 매일 매 순간마다 요구되는 필요한 가치다. 그래서 경청하고 좀 더 깊이 생각함으로써 통찰력을 구하고, 그런 다음 순수한 마음으로 판단해야 한다. 압박을 받고 있을 때는 어떤 물건도 사거나 팔지도 않고 또 어떤 결정도 하지 않으면 지혜로운 리더로 알려지게 될 것이다. 우리가 흔히 사용하는 표현 중 하나는 "좀 깊이 생각하고 싶습니다"이다. 이렇게 함으로써 하나님과 사람들의 총애를 받고 '올바른 판단을 하는 리더'라는 명성을 얻게 된다.

## ◇≫───◆ 목표 달성을 위한 기초 ◆───≪◇

▶ **토론**

○ 누군가가 당신을 송사할 때 당신의 첫 반응이 어땠는가?

○ 이 원칙을 읽기 전 판단에 대한 당신의 믿음은 무엇이었는가?


▶ **등급 평가** (최고 10, 최저 1)

○ 당신은 삶 속에서 현재 이 원칙을 어느 정도 적용하고 있는가?

○ 현재의 등급을 더 높일 가치가 있다고 보는가?


▶ **깊이 생각해 보기**

훌륭한 판단력이란, 아마도 세상에 가장 공평하게 나눠줬지만 진정으로 가장 덜 개발된 재능일 것이다.